2040세대를 위한 재테크 보고서

백만장자
프로젝트

※ 대한민국 백만장자의 기준은 부동산 20억 원, 금융
자산 10억 원을 합쳐서 30억 원 이상의 자산을 보유
한 사람을 말한다.

2040세대를 위한 재테크 보고서

백만장자 프로젝트

이창원 지음

●●● 1994년 7월부터 사회생활을 시작한지 어느덧 16년이 흘렀습니다. 지금은 적절한 투자와 자산 관리로 남부럽지 않은 생활을 하고 있지만 지난 시절의 재테크를 돌이켜 볼 때 무척 아쉬움이 남는 것도 사실입니다. 신입사원 시절에는 청춘사업에 빠져 있느라 금리가 무엇인지도 잘 몰랐고, 집을 꼭 마련해야 한다는 의무감도 없어서 그저 남들처럼 전세를 얻어 결혼생활을 시작했습니다.

그 시절, 맞벌이를 몇 년간 했지만 어떻게 재테크를 해야 하는 지도 모른 채 돈을 다 써 버렸던 기억도 납니다. 한 때 비상장주식에 빠져 큰 돈을 날린 경험도 있고, 부동산을 잘 못 구입해서 큰 낭패를 본 경험도 있었습니다.

 백만장자 프로젝트

그러다보니 "IMF 직후에 주식을 사 두었더라면, 분당 집값이 쌀 때 한 채 사 두었더라면, 금리가 높을 때 장기저축을 해 두었더라면…"하고 종종 후회하기도 했고 그런 아쉬움에 복권을 사기도 했습니다. 이런 경험은 독자여러분께서도 누구나 한 두 번은 다 갖고 있을 것입니다.

이제 장년이 되면서 깨달은 것은 'easy come easy go (쉽게 번 돈은 쉽게 나간다)'라는 진리였습니다. 기초가 튼튼하지 않으면 모래위에 쌓은 성이 되고 말 뿐이라는 것을 깨달은 것입니다.

뭐니뭐니해도 어렵사리 저축을 해서 목돈을 만들어 재투자를 하는 것이 부자가 되는 가장 빠른 지름길이라는 것을 뒤늦게 알아차린 것이죠.

저는 국내 최고의 대기업에서 경력을 쌓았고 탄탄한 출세가도를 달려왔다고 자부합니다. 그러나 그것이 전부는 아니라는 사실을 깨달았습니다. 직장인으로서 들어오는 수입에만 의존하는 데는 한계가 있다는 사실을 알게 되었습니다.

그래서 보험설계사로 전직하고 인생을 새로 설계하여 재무설계사에까지 이르렀습니다. 지금까지 약 10년 동안

천 명 이상의 고객들과 상담을 해 왔는데 처음에는 샐러리맨들이 주 대상이었지만 지금은 상위 자산가 계층, 소위 VIP 계층을 많이 만나고 있습니다.

그런데 제 고객들 대부분은 자산이 많고 적음을 떠나 한결같이 '돈' 문제로 고민하고 있었습니다. 돈이 없는 분들은 돈이 없어서 걱정이고, 돈이 많은 분들은 각종 세금 등으로 인해 돈이 줄어들면 어떻게 하나 하는 걱정을 많이 합니다. 사람이 살아가면서 하는 고민의 90%는 '돈'에 관련된 고민이라고 하지 않습니까? 독자 여러분의 가장 큰 고민도 역시 '돈' 문제이겠죠?

지금까지 나온 각종 재테크 서적을 많이 읽어 보았지만, 한결같이 주장하는 것은 허리띠를 바짝 졸라매고 저축과 투자를 많이 해야 미래가 풍요로워진다는 것이었습니다. 당연히 옳은 말이고 재무관리 전문가로서 100% 수긍합니다.

하지만 현실은 조금 다릅니다. 제 주변을 보면 연봉이 4~5천만 원이 넘는데도 불구하고 저축조차 못하고 사는 분들이 수두룩합니다. 나날이 치솟는 물가에, 집값에, 사교육비에, 웰빙 바람을 타고 불어오는 레저문화까지…

사실 웬만한 수입으로는 현재의 삶을 유지하기에도 벅찬 것이 사실입니다.

이런 현실을 무시하고 풍요로운 미래를 위해 무조건 허리띠를 졸라매라고 하면 어떻게 될까요?

잔칫집에 가서 잘 먹으려고 삼일 굶는다는 속담 아시죠? 무조건적 소비억제는 극심한 정신적 고통을 불러오게 됩니다. 먹고 싶은 것 안 먹고, 사고 싶은 것 안 사고, 놀고 싶은 것 안 노는 고통을 참아가며 재테크를 하는 방법에는 한계가 있습니다. 그렇다고 쓸 거 다 쓰고 사는 인생에는 어떤 미래가 기다리고 있을까요? 거리에 나 앉게 될 확률이 훨씬 높겠지요.

여기에 다가오고 있는 사회적인 큰 문제도 우리의 미래를 어둡게 하고 있습니다. 세계에서 가장 빠른 속도로 진행되는 고령화와 세계에서 가장 낮은 출산율이 바로 그것입니다. 이 두 가지 위기는 대한민국의 국가 재정을 파탄의 상태로 몰고 갈 가능성이 매우 높기 때문에 현재 2040세대들은 지금까지 상상해 보지 못했던 절대빈곤의 늪에 빠지게 될 우려가 있습니다.

이런 불확실한 미래 앞에서 우리는 어떻게 준비해야

할까요? 다행히 2040세대에는 마지막 남은 기회가 한 번 있습니다. 미래의 불확실성을 제거하고 안정적인 투자로 재테크의 목표를 이룰 수 있는 방법이 있다는 것입니다. 이것이 바로 제가 말씀드릴 '백만장자 프로젝트'입니다.

미국의 경우 천문학적 연기금이 주식시장으로 유입되면서 20년 만에 주가를 10배로 끌어올린 사례가 있었습니다.

그래서 장기 연금펀드에 소액을 투자한 평범한 근로자가 은퇴 무렵에는 백만장자가 되서 풍요로운 여생을 보낼 수 있었습니다. 우리나라도 2005년 12월 1일부로 근로자 퇴직연금제도가 도입되었습니다. 바야흐로 한국형 '백만장자 프로젝트'가 시작된 것입니다.

대한민국에 남은 이 마지막 기회를 잘 활용한다면 풍요로운 노후생활은 물론 인생을 살아가며 필요한 시기에 필요한 자금을 효율적으로 조달할 수 있기 때문에 평생 '돈' 걱정에서 해방될 수 있습니다.

제가 생각하는 가장 좋은 재테크는 무조건적인 소비 억제보다는 투자할 수 있는 자금의 중장기 효율적 투자를 통해 목표를 달성하는 것입니다. 이런 일이 가능하기 위해서는 높은 수익률이 필요한데요, 마지막 기회인 '백만장자 프로젝트'를 잘 활용한다면 누구나 다 달성할 수 있다고 생각합니다.

여기에 금융환경이 빠르게 변하고 있고 금융상품의 종류 또한 너무 많기 때문에 스스로 하기 보다는 전문가에게 맡겨서 관리하는 것이 더 바람직할 것입니다.

생각만 해도 머리가 아픈 '돈' 문제. 이 '돈' 문제로부터 해방되기 위해 저와 함께 '백만장자 프로젝트'의 세계로 떠나 보실까요?

목 차

Ⅲ 부자들의 재테크 따라하기

Ⅳ 개인별 맞춤형 재무계획

Ⅰ. 대한민국 '이벤트 인생'

I . 대한민국 '이벤트 인생'

●●● 대한민국은 분단 이래로 세계에서 유래가 없을 정도로 고성장을 해 왔다. 소위 말하는 '한강의 기적'인데, 대표적인 증거로 필자가 어렸을 때에는 구경하기도 힘들었던 '바나나'가 지금은 대형마트에 널려 있는 세상이 된 것이다. 그 당시 어렸던 필자는 무선조종차와 자전거 갖기가 소원이었는데 지금 어린이들의 방에는 그런 장난감들이 넘쳐흐른다. 과거와는 차원이 다른 정도로 풍요로운 세상이 되었지만 역설적으로 미래는 2040세대의 어깨를 무겁게 짓누르고 있다.

대형 마트에 온갖 상품이 철철 넘쳐흐르고, 중소형차보다는 대형차의 비중이 높은 나라. 추석연휴에 수십만 명이 해외여행을 떠나고, 토요일마다 주말여행을 가는 차들로 고속도로가 몸살을 앓는 나라. 명품이 판을 치고 24시간동안 네온사인이 번쩍이는 나라. 돈만 있으면 세계에서 가장 살기 좋은 국가라는 대한민국. 겉모습은 선진국과 흡사한데 이런 대한민국에서 살아가고 있는 대다수 국민들의 모습은 어떠할까.

이런 위상에 걸맞게 21세기 대한민국 국민의 인생은 속칭 '이벤트 인생'이라고 할 수 있다. 온갖 이벤트에 둘러싸인 인생이다. 우리는 사회생활을 시작하면서부터 이벤트에 맞닥뜨린다. 일단 괜찮은 배우자를 만나기 위해서는 돈을 물 쓰듯 써야 한다. 식사를 한 후 여자친구가 보는 앞에서 할인카드를 꺼내면 '고추장남'으로 오해받기 일쑤다. 일생에 단 한 번 뿐인 결혼식은 최대한 화려하게 치러야 한다. 어느 결혼식장에서 결혼하는지가 그 커플에 대한 이미지를 좌우하기 때문이다.

결혼과 더불어 내 집 마련도 전쟁이다. 나날이 치솟는 집값에 전세라도 구할라 치면 능력 없는 남편으로 치부되기 일쑤고, 그나마 전세값도 천정부지로 치솟는다.

그럭저럭 집을 구해 신혼생활을 시작하면 신혼의 단꿈은 잠시, 자녀가 태어나면서 또 다른 전쟁이 시작된다.

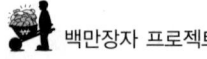 백만장자 프로젝트

내 아이는 특별하기 때문에 최고의 분유와 최고의 유아용품을 마련해야 한다. 한 달 월급은 받는 즉시 어디로 갔는지 금세 사라진다.

어영부영 버티다 자녀가 유치원에 갈 때 쯤이면(요즘에는 유아원부터 시작됨) 그야말로 내 돈이 내 것이 아니다. 웬만한 영어유치원은 월 100만 원씩 잡아먹는 귀신이다. 유치원만 보내면 되는 게 아니라 피아노, 미술, 태권도 학원도 보내야 한다. 자녀 둘 이상 낳는 것은 부자가 아니면 생각조차 하기 어렵다.

자녀가 초등학교에 들어가게 되면 방학기간에 해외 어학연수를 보내는 가정도 크게 늘었다. 어학연수를 가는 아이와 못 가는 아이는 조선시대 양반과 평민처럼 계층이 정해진다. 심지어 어느 나라에 어학연수를 갔다 왔는지에 따라 부자에도 계급이 매겨진다. 적어도 미국이나 유럽 정도는 다녀와야 최고 계급이 될 자격이 주어진다. 자녀의 중, 고등학교 시절은 그야말로 악몽이다. 대형마트 아르바이트 주부 사원들의 취업목적 1순위가 자녀의 사교육비 마련이라고 한다. 최대한 비싼 사교육을 시켜야 남보다 좋은 대학에 갈 수 있다고 믿기 때문이다.

겨우겨우 자녀를 대학에 입학시켜도 돈과의 전쟁은 계

속된다. 우리나라의 대학교육비는 미국보다 훨씬 저렴하지만, 매년 큰 폭으로 인상되고 있기 때문에 머지않아 미국을 따라잡을 태세다.

지금 자녀를 대학에 보낸 학부모들은 대부분 '대출'을 한번쯤 고민해보거나 받아 보았을 것이다. 겨우 자녀가 대학을 졸업하게 되면 부채인생이 청산되는가 싶지만 그 뒤엔 취업전쟁이 기다리고 있다. 취업도 재수, 삼수를 해야 하는 형편이다. 여기에 결혼도 시켜 줘야 하고 집도 마련해 줘야 한다. 노후가 눈앞에 다가 왔지만 어떻게 여생을 보내야 할 지 속수무책이다.

이런 삶의 흐름 속에서 주말이 되면 가족여행을 계획해야 한다. 주말에 집에서 뒹굴뒹굴하는 아빠는 낙제다. 아울러 1년에 한 번 정도는 해외여행을 다녀와야 한다. 글로벌 시대의 휴가는 국내에서 보내는 것이 아니라 해외에서 보내야만 삶의 질을 유지할 수 있기 때문이다.

이런 삶, 즉 수입보다는 온갖 지출이벤트가 가득 찬 인생이 바로 21세기 대한민국 국민들의 현재와 미래의 모습인 것이다.

1. 2040 대표주자 홍길동, 김철수의 인생드라마

홍길동씨와 김철수씨는 같은 대학에서 같은 전공을 한 친구 사이로 취업난을 뚫고 꽤 괜찮은 회사에서 동시에 사회생활을 시작하게 되었다. 홍길동씨는 평소 의리파로서 친구를 좋아하고 돈이 생기면 한 잔 쏠 줄 아는 기분파이기도 하다. 그래서 인기가 많은데 김철수씨는 다소 내성적 성격으로 매사 고민이 많으며 대인관계도 그리 넓지 않아 인기도 적은 편이다.

앞으로 이 두 사람의 재무인생은 어떻게 펼쳐질까?

■ 20대 후반

① 홍길동씨는 취업 기념으로 한 달 치 월급을 다 털어 친구들에게 한 턱 낸다. 역시 멋진 친구라는 찬사를 받으며 기분 좋게 술을 마신다. 회사에서 열심히 일한 만큼 청춘사업에도 관심이 많다. 멋진 여자친구를 사귀려면 필수적으로 갖춰야 하는 것이 바로 스포츠카다. 36개월 할부로 자동차를 구입한 홍길동씨는 미팅에서 만난 예쁜 여자친구와 함께 주말마다 교외로 여행을 다닌다. 활동

량이 많다 보니 당연히 월급이 부족하다. 내친 김에 주거래은행에서 마이너스 통장도 개설한다. 연말이 다가오면 연말정산보다는 스키세트를 구입해서 스키를 탈 계획에 온 몸에서 힘이 난다. 인생은 역시 살만한 가치가 있다고 느낀다.

② 김철수씨는 평소 짠돌이라는 소리는 듣고 살지 않지만 매사 지출을 할 때 필요해서 지출하는 것인지 아니면 원해서 지출하는 것인지 고민해서 결정한다. 생각 끝에 자동차 구입도 나중으로 미룬다.

보험료와 세금, 기름값 등을 고려해 봤을 때 필요성 대비 지출이 너무 많이 들기 때문이다. 친구들과의 술자리도 가급적 1차로 끝낸다. 2차를 가면 좋지만 다음 달 카드영수증이 어김없이 날아오기 때문이다. 유혹을 억제하는 대신 내 집 마련을 위해 장기주택마련저축과 연말정산시 혜택을 보는 적격연금, 그리고 적정수준의 보험도 가입한다.

대략 월급의 50%는 저축하고 나머지로 생활을 한다. 가끔은 잘 나가는 홍길동이 부러울 때도 있지만 미래를 위해 현재의 희생을 감수한다.

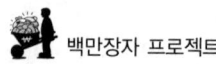

■ 30대

① 결혼적령기가 다가오자 홍길동씨는 내 집 마련에 대한 필요성을 느낀다. 인터넷으로 검색해 보고 살만한 곳을 찾아보지만 '무슨 집값이 이렇게 비싼지'. 대한민국 부동산 정책에 대해 한 바탕 욕을 퍼붓는다. 결국 회사에서 지원해 주는 전세자금 대출로 간신히 전세를 얻어 결혼을 한다.

집은 전세지만 결혼식은 인생에서 한 번 뿐인 관계로 화려하게 호텔에서 한다. 신혼살림도 최고급으로 장만하고 신혼여행도 유럽으로 다녀온다. 그는 결혼만으로도 상당액의 부채가 발생한다. 맞벌이부부인만큼 곧 갚을 수 있다고 생각하지만 부채 상환도 잠시, 부인이 임신을 하는 통에 맞벌이를 포기할 수밖에 없다. 어쩔 수 없다. 아껴서 빚도 갚고 잘 살 수밖에.

그러다 사랑스런 자녀가 태어난다. 정말 눈에 넣어도 안 아픈 아이다. 부인과 함께 최고급 분유와 유아용품을 쇼핑하러 다닌다. 돈은 약간 부족한 듯하지만 정말 행복하다. 경제적인 문제로 아이는 하나만 낳기로 한다. 그러나 엎친데 덮친다고 어렵사리 부채를 상환할라치면 자꾸 전세값이 오른다. 대한민국 정부가 원망스럽다.

몇 해가 지나 겨우 가정의 대차대조표를 맞추어 갈 때쯤 아이가 유치원에 들어가게 되고, 상황은 완전히 바뀌어 버린다. 유치원비에 각종 학원비에. 하나뿐인 아이라는 생각에 남보다 잘 해 주고 싶어 일단 저지르고 본다. 이렇게 자녀를 사랑하는 부모가 세상에 또 있을까 싶을 정도다. 해맑은 아이의 얼굴을 쳐다보면 주말에 도저히 집에만 있을 수 없다. 좋은 곳에 데려가 아름다운 추억을 많이 만들어 주고 싶다. 그래서 무리해서 차도 SUV로 바꾼다. 돈이 들어도 가정의 행복을 위해서.

② 김철수씨는 평소 재테크에 관심이 많은 관계로 결혼 전에 큰 마음 먹고 아파트를 장만한다. 그 동안의 저축에 대출을 껴서 더 이상 늦기 전에 사는 것이 좋다고 판단한 것이다.

대출은 전문가의 조언을 받아들여 30년짜리 모기지론으로 한다. 대한민국이 후진국으로 전락하지 않는 이상은 저금리가 계속 유지될 것이라는 생각으로 대출이자보다 높은 투자수익률이 가능한 펀드형 금융상품으로 목돈을 만들어 가기로 했다.

평소 활발한 청춘사업을 해 오지 않았던 관계로 김철

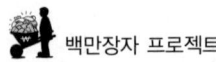

수씨는 사내결혼을 하게 된다. 서로에 대해 속속들이 아는 관계로 결혼도 검소하게 치르기로 한다. 신혼살림은 꼭 필요한 것만 사고 신부가 준비한 나머지 자금은 목돈 마련 상품에 투자한다. 주변 사람의 축복을 받으며 결혼한 두 사람은 전문가와 함께 인생의 재무계획을 수립한다. 앞으로의 예상 필수자금을 계산해 보고 인플레이션을 감안해 효율적으로 계획한다. 자녀는 둘을 낳기로 결정했는데 여러 가지 비용을 감안하여 3년간 맞벌이를 한 후 낳기로 한다.

3년 동안 두 사람은 열심히 일해서 투자용 목돈을 만든다. 아내가 퇴직하면 소득이 줄게 되므로 그에 상응하는 수입을 만들기 위해 목돈으로 상가를 구입한다. 상가에서 나오는 월세가 아내의 소득과 비슷하기 때문에 편안하게 퇴직하고 2세 계획에 전념 할 수 있었다.

드디어 사랑하는 아이를 낳는다. 큰 아이가 딸이고 둘째가 아들이다. 이른바 '홈런'을 친 것이다. 남들처럼 최고급으로 자녀를 키우고 싶지만 자녀들이 커 가면서 들어갈 비용을 생각하니 적절하게 육아비용을 쓰고 나머지 자금은 교육자금 마련 펀드에 투자한다.

자녀들이 유치원에 들어가면서 대차대조표에 문제가

생긴다. 비용이 만만찮게 들어가기 때문이다. 하지만 아이들이 태어났을 때부터 준비해 둔 교육자금 펀드의 수익률이 좋아서 조금씩 빼어 쓸 수 있게 되어 마이너스는 발생하지 않는다. 게다가 예전에 사 둔 상가가 많이 올라서 그것을 팔고 돈을 약간 보태 괜찮은 곳의 상가를 두 채 매입한다. 월세가 많아졌음은 물론이다.

결혼하면서 준비를 시작한 주택 확장자금 펀드가 높은 수익률을 기록해서 더 넓은 집으로 이사를 한다. 이사하는 날 넓은 집에서 행복한 미소를 짓고 있는 아내를 보니 남편으로서 가장으로서 매우 뿌듯한 마음이 든다.

■ 40대

① 홍길동씨의 자녀가 드디어 초등학교에 입학한다. '고등학교까지 국가에서 의무교육을 시켜 줄 테니 돈 들어갈 일은 별로 없겠지' 하며 안도의 한 숨을 내 쉰다. 최근에 어렵게 30평형대 아파트를 장만했기 때문에 당분간은 대출금과 이자상환에 전념할 생각이다.

그런데 입학하자마자 문제가 생긴다. 방과 후에 가야하는 학원이 몇 개가 있고 더구나 방학기간에는 해외 어학연수를 보내야 한다는 것이다. 아이는 친구들과 똑 같

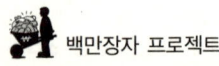
백만장자 프로젝트

이 해 달라며 떼를 쓴다. 어쩔 수 없다. 사랑하는 자녀를 위해 소위 말하는 '달러빚'이라도 낼 수밖에.

중학교 가서는 나아지나 싶었는데 사교육비가 힘에 부친다. 좋은 고등학교에 진학하려면 명문 학원에서 과외를 받아야 한다고 한다. 드디어 아내가 팔을 걷고 나섰다. 인근 대형마트에서 시간제 아르바이트를 하기로 한 것이다. 아내는 좀 힘들어해도 자녀의 미래를 위한 것이니까 어쩔 수 없다.

그런데 고등학교에 진학하자 아르바이트로는 턱도 없는 비용이 발생한다. 좋은 대학에 가기 위해서는 과목당 월 100만 원짜리 과외를 받아야 한다고 한다. 고민 끝에 아파트에서 담보대출을 일으킨다. 하나 뿐인 자녀가 일류 대학에 가면 이 정도 희생은 충분히 보상 받을 것으로 자위하면서.

② 김철수씨의 두 자녀도 초등학교에 입학한다. 아내는 내심 사립 초등학교를 원하는 것 같지만 김철수씨는 공립으로 결정한다. 두 자녀의 미래를 위해서는 고등학교와 대학교 시절에 집중적으로 투자하는 것이 더 필요하다고 생각한다.

자녀의 초등학교, 중학교 시절은 남에게 뒤지지 않을 정도의 사교육만 시킨다. 대신 획일적인 교육보다는 자녀들이 갖고 있는 특기에 대해서 집중적인 투자를 한다. 큰 딸은 어학에 관심이 많아 외교관이 되고 싶어하고, 둘째 아들은 과학에 관심이 많아서 과학자가 되고 싶어 한다. 자녀들이 원하는 교육을 시키기에는 현재의 수입으로도 충분히 지원할 수 있다.

큰 딸은 외국어 고등학교에, 둘째 아들은 과학고등학교에 진학을 시킨다. 이제부터 비용이 본격적으로 들어가는 시기다. 태어나면서부터 준비한 교육자금 펀드에 상당액이 모여 있다. 원하는 대로 교육을 시켜 주고 싶다. 그럴 능력이 충분하니까…

■ 50대

① 홍길동씨의 자녀가 드디어 좋은 대학에 입학한다. 감격에 겨운 홍길동 씨는 잠시나마 그 동안의 고생에 보답을 받는 것 같다. 그런데 4년간의 대학교육비가 집 한 채 값이라고 한다. 지금 살고 있는 집도 그 동안의 사교육비 때문에 대출을 끼고 있는 형편이다. 어쩔 수 없이 자녀의 손을 꼭 잡고 정부에서 특별히 지원해 주는 학자

금 대출을 신청하러 간다. 대출은 자녀가 받고 보증은 홍길동씨가 선다. 은행을 나오며 괜히 눈물이 난다. 이 어린 것에게 벌써 부채를 안겨 주게 생겼으니 말이다.

자녀가 대학에 입학한 기쁨도 잠시 갑자기 회사에서 나가라고 한다. 나이도 많고 연봉이 높아 구조조정 대상으로 뽑혔다는 것이다.

아직 자녀가 대학을 다니고 있다며 사정해 보았지만 역시 회사는 냉정하다. 퇴직금도 그 동안 각종 비용으로 먼저 써 버렸기 때문에 앞이 막막하다. 취직원서를 수 백장 썼는데도 오라는 데가 없다.

집에서는 돈을 못 벌어 온다며 불만이 장난이 아니다. 결국 건설현장 근로자로 일하기로 했다. 몸은 힘들어도 그래도 약간의 수입이 나오니까 더 이상 구박은 안 하겠지.

오늘은 사랑하는 자녀의 결혼식 날이다. 삼수 끝에 취업한 자녀가 괜찮은 처녀를 만난 것 같다. 아버지의 직업이 뭐냐고 자꾸 묻길래 중소기업 임원으로 위장한다.

준비해 둔 것이 없는 아들 역시 홍길동씨처럼 대출을 받아 결혼생활을 시작한다. 아버지처럼 살지 말도록 기도해 줄 수밖에 없다.

② 김철수씨의 두 자녀도 고등학교를 무사히 마치고 대학에 입학한다. 김철수씨는 내심 유학을 보내고 싶었지만 두 자녀는 국내의 명문대학을 선택한다.

두 자녀의 엄청난 대학 교육자금은 상가를 처분한 돈으로 일부를 조달하고 나머지는 따로 모아둔 목돈으로 해결하기로 한다.

두 자녀가 대학에 들어간 후 얼마 뒤에 갑자기 회사에서 나가라고 한다. 나이도 많고 연봉이 높아서 구조조정 대상으로 뽑혔다는 것이다. 김철수씨는 미련없이 사표를 던지고 퇴직금에다 상가를 정리한 자금을 합쳐서 그 동안 구상해 둔 자영업을 시작한다.

두 자녀는 대학을 졸업하고 각자 원하는 대로 진로를 결정한다. 큰 딸은 공무원이 되고, 둘째 아들은 연구원으로 박사과정을 밟게 된다. 장성해서 각자의 몫을 하는 두 자녀를 볼 때마다 김철수씨는 마음이 뿌듯하다.

두 자녀가 결혼할 때 어릴때부터 가입해 둔 부자자녀 만들기 펀드를 정리해서 아파트 한 채씩을 선물로 준다. 새롭게 출발하는 자녀들이 든든한 바탕 위에서 성공적인 인생을 살아가길 기원하는 아버지의 선물이다.

■ 60대 이후

① 나이 60이 넘어가자 홍길동씨의 온 몸에서 이상한 소리가 난다. 운 좋게 주유소에서 일하고 있지만 취업 못한 젊은 사람들이 많아 불안하다. 그만 두면 생계가 문제가 생길텐데… 국민연금으로 아내랑 둘이 살기엔 턱없이 부족하다. 아내는 자기도 뭔가 하겠다며 얼마 전부터 폐품을 수집하러 다닌다. 앞으로 남은 여생을 어떻게 보내야 할까… 인생의 회의감이 온 몸을 감싼다.

② 60대가 되자 김철수씨의 건강도 예전만 못하다. 그래서 얼마 전부터 부부가 함께 골프를 시작했는데 아내가 더 좋아한다. 다음 달에는 친구 부부와 함께 해외로 골프여행을 떠날 생각이다. 현재 하고 있는 사업도 힘닿는 데까지 해볼 생각이다. 퇴직연금의 수익률이 좋아 연금이 충분히 나오고 있지만 일 없이 빈둥거리면 일찍 하늘나라로 갈 것 같아서이다. 앞으로 남은 여생동안 열심히 일도 하고 세계여행도 할 생각이다.

근처에 살고 있는 두 자녀들이 얼마 전 손자, 손녀를 낳았다. 주말이면 교외에 마련해 둔 펜션으로 온 가족이 모인다. 바비큐 파티도 하고 손자,손녀들이 뛰어 노는 모습을 보면 점점 더 오래 살고 싶다.

여보. 우리 건강하게 오래오래 삽시다.

이 글은 다소 극단적이라고 할 수 있겠지만 2040세대가 어떻게 재테크를 하느냐에 따라 어떤 재무 인생을 살아가게 될 것인지를 극명하게 보여주는 사례라고 할 수 있다. 자신을 돌아보고 투자방법과 인생 설계를 제대로 만들어 가기 위해 가장 좋은 방법은 전문가와 상의하는 것이다. 수많은 금융상품의 홍수 속에서 혼자서는 도저히 할 수 없는 것이 재테크이기 때문이다. 부자의 주변에는 다양한 전문가들이 점점 더 부자가 되도록 도와준다. 그래서 빈익빈 부익부가 생겨나는 것이다.

필자가 즐겨 보는 프로그램 중에 모 방송에서 방영하는 '가계부'라는 프로그램이 있다. 홍길동씨처럼 살고 있는 국민을 발굴해서 재무구조를 개선해 주는 프로그램인데, 십중팔구는 소비를 대폭 억제하고 저축과 투자를 늘려야 한다는 처방을 내려 준다.

대부분의 출연자들은 그 처방을 겸허하게 받아들이고 무조건 열심히 소비를 억제하려 한다. 하지만 과연 언제까지 그렇게 할 수 있을까. 두 달, 석 달? 무조건적인 절

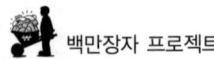

제로 인한 정신적 고통은 사람의 심신을 멍들게 한다. 적지 않은 사람들이 원래의 모습으로 돌아오기 십상이다.

따라서 중요한 것은 맹목적인 소비억제보다는 최소한의 삶을 즐길 수 있을 정도로 허리띠를 졸라매되, 중장기적이고 효율적인 투자를 통해 재무목표를 달성하는 것이다.

'즐기며, 모으기'가 어렵다고 생각하는 분들은 생각을 바꾸시기 바란다. 이 책의 핵심인 '백만장자 프로젝트'를 잘 활용하면 얼마든지 가능하다고 확신한다.

2. 가장 슬픈 미래뉴스

'시도 때도 없이 걸려오는 카드 빚 독촉 전화, 딸 병원 치료비가 없어 남에게 아쉬운 소리를 해야 하는 신세, 아이들의 장래를 생각하면 잠을 이룰 수 없는 부모로서의 자괴감…' 17일 오후 자녀 3명과 함께 인천 부평구 청천동 고층 아파트에서 투신해 숨진 주부 손모씨(34·인천 서구 가정동)가 생전에 감내해야만 했던 생활 모습이다.

경찰은 수년간 생활고에 찌든 손씨가 마지막 선택으로 자녀들과 동반 투신한 것으로 보고 있다. 18일 오후 손씨와 자녀 3명의 시신이 안치된 부평구 청천동 세림병원 영안실에는 손씨의 남편 조모씨(34)와 남동생 등 유족 10여명이 자리를 지키고 있었다.

유족들은 취재기자들에게 "나가 달라. 괴롭히면 경찰을 부르겠다"며 민감한 반응을 보였다. 소식을 듣고 이날 오전 대전에서 온 남편 조씨는 머리를 숙인 채 "어려운 여건 속에서도 집사람이 알뜰하게 살림을 꾸렸는데…"라며 흐느꼈다.

조씨는 다니던 가구회사가 3년 전 부도난 뒤 일정한 직업 없이 일이 있을 때마다 건설 현장에서 품을 팔아온 것으로 알

려졌다. 남편이 실직한 직후 막내가 태어나자 손씨는 어린애 3명을 돌보느라 돈벌이도 할 수 없는 처지를 한탄했다. 생활비를 한 푼이라도 벌기 위해 틈이 날 때마다 식당에서 시간제 허드렛일을 했다.

손씨는 은행에서 1,000만 원을 빌렸고 남편 명의 카드로 3,000만 원을 대출했다. 신용카드 3개로 빚을 돌려 막다 남편과 자신이 모두 신용불량자로 분류돼 빚 독촉에 시달렸다.

손씨의 언니(36)는 "9일 전화로 애가 열이 심해 병원에 가야 하는데 돈을 빌려 달라고 해 5만 원을 부쳐 줬다"며 "요즘 왜 전화를 안 받느냐고 물으니 '카드사의 빚 독촉 전화가 자꾸 걸려 와 전화기 코드를 빼놓고 산다'며 신세를 한탄했다"고 말했다.

손씨의 큰딸(8·1학년)이 다니던 인천 서구 K초교는 이날 비통함에 잠겼다. 큰딸은 이날 수영장으로 현장학습을 떠날 예정이었지만 가정 형편 때문에 참가비 3,800원을 내지 못했다.

이 학교 교무부장은 "비가 내려 현장학습을 취소했지만 가정이 그렇게 어려운지 모를 정도로 평소 친구들과 잘 어울리며 밝게 지냈다"고 말했다.

〔동아일보 2003-07-18 기사에서 발췌〕

신문을 보다 보면 가끔씩 이런 기사가 난다. 왜 이런 일들이 생기는 것일까? 대부분은 경제적 고통 때문일 것이다. 단돈 3,800원이 없어서 딸을 현장학습에 보내지 못한 부모의 심정이 오죽 했을까?

앞으로 20년 후에는 얼마나 많은 슬픈 뉴스들이 지면을 채우게 될까? 한창 경제활동을 하고 있던 시기에 소득의 대부분을 교육비와 생활비로 다 써버린 2040세대가 20년 뒤에 만나게 될 경제적 충격은 어떤 것이 될까?

'나이도 많고 연봉이 높아서 구조조정 대상자로 선택되셨습니다.'

이 메시지를 받고나서 막상 그 다음에 할 수 있는 일이 무엇일까. 우선은 가정에서는 모르게 해야 되기 때문에 정상적으로 출퇴근을 하며 계획을 생각할 것이다. 그나마 처음 며칠 동안은 못 본 영화도 보고 친구도 만날 수 있겠지만 취업을 못한다면 금세 갈 곳도 만날 사람도 마땅치 않을 것이 뻔하다. 서울역 시청앞의 노숙자들도 어쩌면 이러한 과정을 겪어가며 퇴락해버린 지도 모른다. 하루에 30명씩 자살하는 자살공화국이 한국의 현실이다.

필자의 첫 직장은 누구나 다 아는 'S그룹'이다. 아직

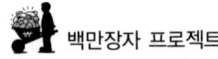

도 친구들이 많이 근무하고 있기 때문에 연말이면 송년 모임을 가지는데 만나면 연봉에 대한 부분이 늘 화제가 된다. 그 중의 한 친구는 연봉이 6~7천만 원이나 된다고 해서 다들 부러워했다. 그러나 그 친구의 이야기는 겉보기와는 달랐다.

"이 연봉으로도 저축 못하고 살아. 1월에 나오는 성과급 1,500만 원 정도를 빼고는 이것저것 공제한 실 수령액은 월 330만 원 정도 되는데, 너희들도 알다시피 우리 애 둘이 유치원을 다니잖아. 유치원비만해도 한 명당 매월 80만 원(영어유치원) 정도 되는데 유치원만 다니는 게 아니라 태권도며 피아노학원이며 기타 다른 비용까지 치면 200만 원이 훨씬 더 들거든. 그래서 매달 마이너스야. 그나마 1월에 목돈이 나오니까 그걸로 급한 불을 끄는데 앞으로 어떻게 살아야 할 지 막막하다."

국내 최고의 회사를 다닌다는 직장인의 재무상태가 이 정도라면 평범한 중소기업 2040세대의 미래는 불을 보듯 뻔할 것이다.

현재의 2040세대를 흔히 '샌드위치 세대'라고 한다. 부모님을 모실 의무감은 느끼지만 자녀들로부터는 부양받을 가능성이 낮기 때문에 이런 명칭이 붙었다고 한다.

어떻게 보면 2040세대가 5060세대보다 경제적으로는 훨씬 불행할 수 있다는 생각도 든다. 예를 들어, 5060세대는 이런 엄청난 사교육비를 쓰지 않고도 자녀를 그런대로 잘 키울 수 있었고, 또 집값도 소득수준에 비해 지금처럼 높지도 않았다. 금리도 높아서 저축하는 보람도 있었고, 연봉제가 없었기 때문에 퇴직금도 고스란히 받을 수 있었다. 또한 국민연금이 마치 5060세대를 위해 준비한 것 마냥 어느 정도 쓸 만큼은 지급되고 있다.

　이에 반해 2040세대는 갈수록 엄청난 사교육비 부담과 수억 원을 호가하는 집값에 시달리며　연봉제라는 미명 하에 퇴직금도 없이 살아가야 한다. 현재로서는 국민연금도 줄어들 전망이라 기대할 수 없는 형편이다. 결국 2040세대는 스스로 준비하는 것 말고는 풍요로운 미래를 맞이할 방법이 없어 보인다. 하루라도 빨리 계획을 세워서 앞으로의 지출을 준비해야 하는 이유가 여기에 있다.

3. '고령화' 와 '저출산' 이 남길 과제

학창시절부터 끊임없이 배워왔던 것이 '우리나라는 자원이 빈약하기 때문에 사람이 재산이다. 그래서 열심히 공부해야 한다.' 라는 내용이었다. 사실 우리나라는 수출입 의존도 90%이상인 전형적인 무역국가이며, 21세기에 살아남기 위해 '금융, 서비스, IT' 라는 3대 핵심산업 육성에 사활을 걸고 있다.

그런데 자세히 보면 3대 핵심산업에서 가장 중요한 것이 바로 '사람' 임을 알 수 있다. 이런 이유로 교육부장관을 부총리급으로 대우할 만큼 교육에 대해 많은 관심과 투자를 하는 것이다.

하지만 안타깝게도 우리나라의 자산인 '인구' 가 저출산으로 인해 점점 줄어들고 있다. 게다가 일할 능력을 보유한 65세 미만의 인구도 급속한 고령화로 인해 빠른속도로 줄어들고 있는 실정이다.

필자가 비록 국가경제 전반을 연구한 전문가는 아니지만 국민의 한 사람으로서 보기에도 향후 대한민국에 닥칠 리스크는 그 어떤 것보다 '고령화, 저출산' 문제라고 생각한다. 자원이 빈약한 나라에서 일할 사람마저 줄어든다면 동해 앞바다에서 대규모 유전이라도 발견되지 않는 한 우리나라의 미래는 암담해질 것이 분명하다.

이러한 현실은 현재 2040세대에 있는 사람들이 특히 치명적이다. 50대 이상의 사람들은 그나마 국민연금도 기대할 수 있고, 우리나라 고성장기의 과실을 함께 나누었기 때문에 부동산이나 금융자산도 어느 정도 보유하고 있다. 또한 자녀들에게 부양을 받을 수 있는 마지막 세대이기도 하다.

즉, 나름대로 삶의 질을 유지하면서 어떻게든 노후생활을 누릴 수 있지만, 2040세대는 스스로 준비하지 않는 한 대단히 위험한 노후기를 맞이할 가능성이 크다. 저금리와 인플레이션으로 인해 수입의 대부분을 자녀의 사교육비와 생활비로 쓰다 보니 노후를 준비하기 힘들고, 급격한 의식 변화로 인해 자녀들에게 부양받는 것도 기대하기 힘들다. 지금부터 철저히 준비하지 않으면 안 되는 세대인 것이다.

통계청자료를 보면 2026년이 되면 만 65세 이상의 인구가 전체인구에서 차지하는 비중이 20%를 넘을 것이라고 한다.

〈 표 : 한국의 고령화속도 〉

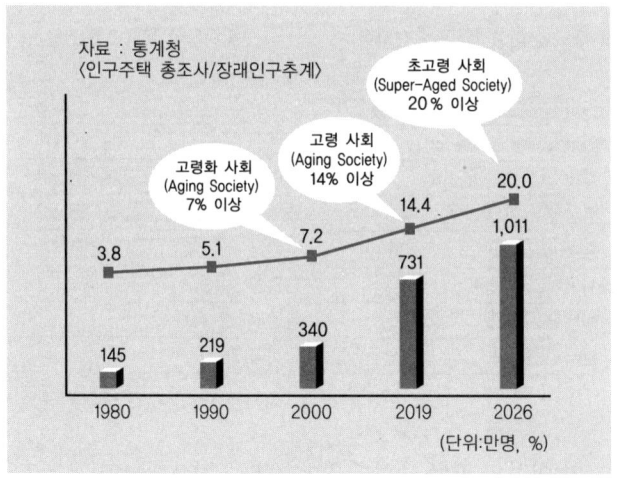

자료 : 통계청
〈인구주택 총조사/장래인구추계〉

초고령 사회
(Super-Aged Society)
20% 이상

고령 사회
(Aging Society)
14% 이상

고령화 사회
(Aging Society)
7% 이상

3.8   5.1   7.2   14.4   20.0
              1,011
       731
340
219
145

1980   1990   2000   2019   2026

(단위:만명, %)

　　이러한 상태를 '초고령사회'라고 하는데, 다시말해 우
리나라 국민 5명 중 1명이 일을 할 수 없는 노인이라는
뜻이다. 초고령사회가 되면 경제인구 5명이 노인 1명을
부양해야 하는데 이는 단순히 국민총소득(GNI)의 감소
를 떠나 국민연금, 노인의료비, 각종 노인복지비용 등 엄
청난 사회비용의 증가로 이어져 나아가 국가경제에 심각
한 악영향을 끼칠 것으로 예상된다.

　　또한 초고령화 사회를 부추기는 데는 우리나라 여성
들의 평균 출산율도 한몫을 하고 있다. 2004년 기준으로

〈 표 : 주요국 출산율 및 평균 수명 〉

■ 주요국 여성 1인당 출산자녀 수
(단위:명)

인도	3.0
미국	2.0
프랑스	1.9
영국	1.7
중국	1.6
러시아	1.4
일본	1.3
한국	1.2

■ 주요국 평균수명 (단위:세)

일본	82
스웨덴	81
프랑스	80
스위스	80
한국	77
북한	71
앙골라	40
잠비아	37

자료 : 미 인구조회국(PRB)

가임 여성의 평균 출산율은 1.16명을 기록했는데 이는 현재 세계 최저 수준이다. 이런 추세라면 2050년경에는 2005년에 비해 전체인구가 12% 가량 감소할 전망이라고 한다.(2005년 세계인구통계표 참조)

각종 육아비용 및 엄청난 사교육비는 출산율을 점점 떨어뜨리고, 더불어 경제인구의 급속한 고령화까지 겹쳐 21세기 대한민국의 미래는 점점 어두워지고 있다. 최근 이러한 고령화의 위험에 대해 경고하는 책이 다수 출간된 것만 보아도, 머지않아 오게 될 미래라는 것을 짐작할 수 있다. 이제 우리 스스로가 노후를 어떻게 보낼 것인지

각자 생각하고 준비하지 않는다면 국가적 재앙으로까지 이어질 수 있을 것이다. 그렇다면 이런 현실에서 2040세대는 앞으로의 미래를 어떻게 준비해야 할까?

〈 표 : 고령화에 따른 노인 부양비 추이 〉

연 도	0~14세 인구 구성비	15~64세 인구 구성비	65세 이상 인구 구성비	유년 부양비	노년 부양비	고령화 지수
1996	22.9	71.0	6.1	32.2	8.6	26.9
2000	21.1	71.7	7.2	29.4	10.1	34.4
2002	20.6	71.5	7.9	28.7	11.1	38.5
2010	17.2	72.1	10.7	28.7	14.8	62.0
2019	14.1	71.4	14.4	19.8	20.2	102.3
2050	10.5	55.1	34.4	19.0	62.5	328.4

자료 : 통계청, 「장래인구추계」 2000~2050 2001.12(%)

4. 미래지출 - 이렇게 준비하면 반은 성공이다.

　몇 달 전 후배가 3년 동안 저축을 해서 2천만 원을 만들었는데 어디에 투자하면 좋겠느냐며 상의해 온 적이 있다. 그 당시 후배의 아내가 임신을 하고 있었기 때문에 자녀 육아비용 등을 고려해서 장기투자보다는 상호저축은행이나 주가지수연계예금(ELD) 등에 투자하는 것이 좋을 것 같다고 답변해 주었다. 그로부터 얼마 뒤에 우연히 통화할 일이 있어 2천만 원을 어떻게 했느냐고 물어보았다가 후배의 답변에 잠시 넋을 잃었다.

　후배의 답변인즉 어떻게 할까 고민하고 있던 차에 친구와 함께 자동차 대리점을 방문하게 되었다고 한다. 때마침 정중앙에 새로 출시된 차가 멋지게 전시되어 있었는데, 영업사원의 권유로 운전석에 올라 보니 인테리어도 훌륭하고 모든 게 마음에 들었다고 한다. 그때 문득 머릿속에서 '조만간 아이가 태어날 텐데 뒷자리 카시트에 아이를 태우고 옆자리에 와이프를 태우고 동해안을 드라이브하면 얼마나 멋질까' 하는 생각과 함께 살면 얼마나 더 살겠나 싶은 마음에 덜컥 계약을 했다는 것이다.

결국 정작 차를 보러 간 친구는 그냥 오고 도리어 후배만 몰던 차를 팔고 새 차를 샀다. 이 이야기가 우리에게 들려주는 메시지는 무엇일까?

사람은 소비의 동물이다. 돈이 있으면 어떻게든 쓰고 싶어 안달이 나게 된다. 그래서 종자돈을 만들려고 아껴가며 했던 저축은 정작 제 목적에 쓰이지 못하고 어디론가 새버리는 경우가 비일비재하다. 돈이 생기면 쓸 일이 생기는 것이 인생의 법칙이다. 차를 바꾸든, 해외여행을 가든, 친구에게 빌려줬다 떼이든 간에 말이다.

또한 사람은 유혹의 동물이다. 1차까지만 마시기로 굳게 맹세하지만 소주 한 병이 들어가면 자연스럽게 2차를 가게 된다. 술기운에는 다음날 아픈 머리도, 다음 달 카드영수증도 미처 생각나지 않는다.

몇 번의 후회를 해도 사람은 망각의 동물이다. 얼마 전 과소비한 것을 크게 후회하고서도 돈이 생기면 필요한 것보다는 원하는 것을 또 사게 된다. '내가 살면 얼마나 산다고', '이번만 쓰고 다음부터는 쓰지 말자' 등등 각종의 자기합리화를 내세워 똑같은 후회를 반복하는 것이 사람이다.

미래보다는 추억을 먹고 살고, 이성보다는 감정을 중

히 여기며, 소비 지향적이고, 유혹에 약하며, 망각의 동물인 사람에게 미래를 준비하게 하는 가장 좋은 방법은 무엇일까? 정답은 전문가에게 맡기는 것이다. 초등학교 때 방학계획은 잘 세웠는데 한 번도 그대로 실천하지 못한 것처럼 재테크도 혼자서는 여간 해서 성공하기 어렵기 때문이다.

요즘은 은행, 증권, 보험이 통합되면서 각 금융기관별로 다양한 서비스를 제공하는데 전문가를 만나서 본인에게 맞는 재테크와 재무관리계획을 세우고 지속적으로 실천하는 것이 2040세대가 미래를 준비할 수 있는 가장 좋은 방법이라고 생각한다. 앞으로의 계획을 세울 때 아래의 향후 투자환경 전망을 참고해 보자.

■ 전망! 투자환경

우리나라의 대표적 투자수단은 은행, 부동산, 채권, 주식의 4가지로 압축할 수 있는데, 각각의 투자수단에 대해 필자가 바라본 중장기적 전망을 이야기 해보자.

① 향후 금리 전망

금리에는 정책금리와 시장금리의 2가지 큰 흐름이 있

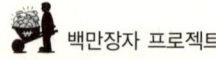

다. 정책금리란 인플레이션이나 부동산 경기, 경제성장률 등을 감안해서 정부에서 인위적으로 관리하는 금리를 말하며, 시장금리란 자본주의의 논리에 입각해서 자금의 수요와 공급이 일치하는 균형금리를 말한다. IMF 이후의 초 저금리 상황은 대표적인 정책금리의 전형으로 인식되나 전문가들이 보는 시각은 현재 우리나라의 시장금리는 5~6%대가 적정하다고 한다. 즉, 정부에서 여러 가지 이유로 금리인상을 조절하고 있다는 뜻이다.

〈 표 : 우리나라 금리추이〉

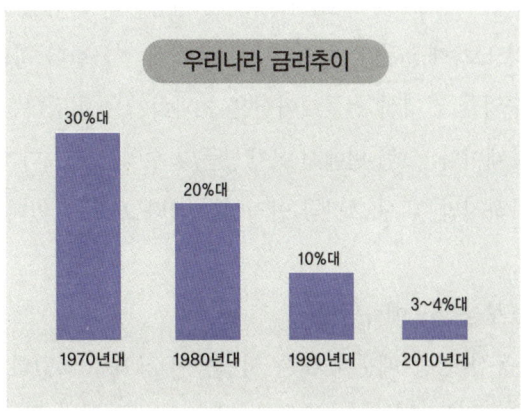

2010년 현재 1년 만기 정기예금의 평균금리는 연 4%선을 밑돈다. 금융기관마다 선보이는 5% 이상의 예금은

소위 말하는 '특판예금'으로 고객의 자금을 유치하기 위한 미끼상품이다. 결국, 인플레이션 대비 금리가 낮은 수준이기 때문에 은행에 돈을 넣어 두면 손해를 보게 된다.

이러한 금리기조가 앞으로는 어떻게 변할까? 필자가 보기엔 정부에서 인위적으로 잡고 있는 것은 분명히 한계가 있기 때문에 조금씩 오를 것으로 판단된다. 정책금리를 계속 유지하는 것은 자본시장의 왜곡을 초래할 수 있어 중장기적으로는 대한민국 경제에 악영향을 끼칠 가능성이 높기 때문이다.

따라서 향후 3~5년을 내다보면 시장금리에 점점 근접할 것으로 예상된다. 하지만 시장금리에 접근한다 하더라도 수익률 면에선 인플레이션을 초과하기는 어렵다는 것이 문제이다. 그런 면에서 은행상품의 수익성은 그다지 좋지 못하지만, 대신 그만큼 안정성은 있다고 할 수 있다.

② 부동산 – 예측난망

부동산 광풍 때문에 많은 서민들이 상처를 입었다. 우리나라에서 대한민국 부동산 시장의 예측은 '신(神)의 영역'이라고 해도 과언이 아니다. 부동산시장은 정부와 각계 각층 전문가들의 예상과는 달리 '부동산 불패 신화'

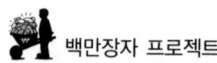

가 지금도 계속 이어지고 있다.

'아는 것이 죄'라고 필자도 부동산에 대한 정부 생각을 존중하다 보니 상대적인 손실도 많이 입은 것이 사실이다. 2010년 현재도 부동산에 대한 시각은 그야말로 천차만별이다. 아직까지는 무조건 오를 것이라는 '부동산 불패파'가 상투를 잡고 있기 때문에 일본처럼 부동산 장기불황에 빠질 수 있다는 '부동산 필패파'와 첨예하게 대립하고 있는 상황이다.

이런 상황에서 향후 부동산 시장 전망을 예측하기란 무척 어려운 일이다. 그래서 필자는 자본주의의 핵심 논리, 즉 수요와 공급 차원에서만 견해를 밝히고자 한다. 부동산은 다른 재화와 달리 공급이 정해져 있다. 즉, 희소성의 원칙이 적용되는 재화인데 그렇기 때문에 수요와 공급의 법칙이 100% 통용되는 시장이다. 일례로 강남의 아파트는 한정되어 있는데 수요가 많다 보니 웬만한 아파트는 10억을 호가한다.

그렇다면 앞으로는 어떻게 될까? 수요가 계속 늘어날까, 아니면 감소할까. 필자가 보기엔 공급은 정부정책에 따라 좌우될 수 있겠지만 수요는 반드시 줄어들 수밖에 없다고 본다. 가장 큰 이유는 앞 장에서 언급했다시피

'고령화, 저출산'의 인구구조이다. '고령화, 저출산' 문제로 부동산을 살 수 있는 경제인구가 갈수록 줄어드는 상황에서 부동산 가격이 앞으로 지속적으로 상승할 수 있겠느냐는 논리다. 물론 장기적으로 그렇다는 말이다.

〈참고자료〉

베이비붐 세대 퇴직 임박 대책 필요 (2006.06.25))

[머니투데이 김양현기자]약 810만명에 달하는 우리나라의 베이비 붐 세대(1955~1963년에 태어난 세대)가 7~8년 뒤 정년을 맞을 것으로 예상돼 이에 대한 대비책 마련이 시급하다는 지적이 제기됐다. 베이비 붐 세대는 1955년부터 63년 사이 출생한 세대를 말한다.

정후식 한국은행 조사국 부국장은 1일 '일본 베이비 붐 세대 퇴직의 영향과 정책대응'이라는 연구보고서에서 "일본의 베이비 붐 세대(1947~1949)가 2007~2009년에 정년을 맞게 돼 노동력 부족과 연금재정악화 등 경제 및 사회 각 부문에서 커다란 충격이 예상된다"며 이같이 밝혔다.

하지만 일본 정부 및 기업은 정년 연장, 기능전수 제도 개선

등으로 충격을 최소화하려 하고 있어 고령화의 급속한 진전에도 불구하고 퇴직에 따른 큰 위기는 없을 것으로 내다봤다.

보고서는 또 우리나라의 경우 약 810만명에 달하는 베이비붐 세대가 총인구의 16.8%로 매우 높은 수준으로 57세에 퇴직한다고 가정할때 2012~2020년 사이 정년을 맞게 될 것으로 예상했다. 특히 일정 연령에 도달한 인력을 능력 및 경력 등과 관계없이 퇴출시키는 관행이 정착되고 있어 대규모 퇴직사태가 3~4년 후로 앞당겨질 가능성도 제기됐다.

보고서는 베이비붐 세대의 대규모 퇴직이 경제에 미치는 영향을 면밀히 분석하는 한편 이를 토대로 정년 연장 및 연금지급연령 상향 조정 등 제도개선 문제를 검토할 필요가 있다고 지적했다.

이 신문기사는 향후 수년 이내에 800만 명에 달하는 실버세대가 은퇴하게 된다고 기록하고 있다. 은퇴한 실버세대가 강남이나 분당에서 더 이상 살 필요가 있을까? 오히려 교외의 전원주택이나 실버타운을 선호할지도 모른다. 여기에 낮은 출산율까지 가세한다면 향후 10년 후에는 수도권의 인기가 떨어지는 지역은 자칫 하면 '슬럼

화' 가 될지도 모른다.

따라서 앞으로 부동산 시장은 '부익부 빈익빈' 현상이 심해질 것으로 판단되기 때문에 아파트 한 채가 재산의 전부인 우리나라 대다수 국민들은 지금부터라도 선진국처럼 부동산 보유 비중보다는 금융자산을 늘리는 노력이 필요하다. '계란을 한 바구니에 담지 않는다' 는 투자의 격언을 무시하고 부동산에 '몰빵' 했다가 만약 부동산 경기가 하락하게 된다면 헤어나오기 힘든 늪에 스스로를 가두는 격이 될 지도 모르기 때문이다.

③ 채권 – 안정 속의 위험

채권은 은행 예금상품보다는 항상 높은 수익을 낼 수 있는 금융상품이다. 예금금리보다는 대출금리가 높기 때문인데, 수익률이 좋은 반면 선뜻 투자하기란 다소 부담이 가는 상품이다. 채권 투자에는 각종 옵션이 많고 안정성도 잘 살펴보아야 하기 때문이다.

채권은 안정성이 핵심인 상품인데 채권투자도 잘 못하면 원금 손실을 입을 수 있다. 채권은 금리와 불가분의 관계에 있는데 금리가 올라가면 채권 수익률은 떨어지

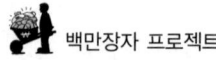

고, 금리가 내려가면 채권 수익률은 올라간다.

예를 들어 연 6%의 이자를 지급하는 5년 만기 10억 원짜리 이표채에 투자했는데 몇 달 후에 시중금리가 떨어져서 연 5% 채권만 발행된다고 가정해 보자. 당연히 먼저 구입해 둔 채권의 가치는 나중에 발행된 채권보다 높을 것이다. 이 채권을 팔아서 현금화하면 5년치의 이자 차이에 해당하는 수익을 얻을 수 있을 것이다. 반대로 시중금리가 올라서 연 7%의 채권이 발행된다고 생각하면 기존의 채권을 사려는 사람이 없기 때문에 현금이 필요해서 팔 경우 손해를 입게 되는 것이다. 따라서 만기보유가 아니라 투자의 측면에서 채권을 구입하는 사람은 향후 금리 변화에 대해 심각하게 고민해 보아야 한다.

향후 금리는 앞서 언급한 대로 정책금리에서 시장금리로 갈 것이라는 전문가들의 의견이 지배적이기 때문에 채권투자는 중장기적인 면에서 보았을 때 득보다는 실이 많을 것으로 예상된다.

④ 주식 – 간접투자의 일반화

지금까지 금리, 부동산, 채권의 전망에 대해 알아보았다. 단기적인 재테크가 아니라면 재테크 수단의 개별적

호재, 악재 보다는 대세를 볼 필요가 있는데, 중장기적 대세는 결국 '주식'으로 귀결될 것이라는 게 많은 전문가들의 공통된 시각이다. 500조 원이 넘는다는 시중 부동자금이 어떤 재테크 수단으로 몰리느냐에 따라 중장기적 향방이 결정되겠지만, 앞으로의 금융환경 변화를 예상해 보면 역시 장기적으로 돈이 갈 곳은 결국 주식 밖에 없다고 생각된다.

〈참고자료〉

"한국 주식수요 꾸준히 늘 것" (매일경제 2006.05.24)

인구 구조상 변화로 주식에 대한 수요가 2008~2020년까지 꾸준히 지속될 것이라는 주장이 제기됐다. 김경록 미래에셋투신운용 대표는 9일 그랜드 하얏트 호텔에서 열린 '미래에셋 자산배분 포럼'에서 "한국은 40대 30대 50대 순으로 주식보유 비중이 높은데 퇴직연금과 주가 상승 등으로 주식 보유연령이 늦춰질 가능성이 있다"고 말했다.

일본이나 한국 자산구조는 부동산과 예금에 편중돼 있다. 일본은 부동산 비중이 74%, 금융자산 비중이 26%다. 한국은 부동산 비중이 83%, 금융자산 비중이 17%다. 이는 미국 부동

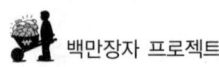

산 비중 30%, 금융자산 비중 70%에 비교할 때 크게 대조된다. 실물 수요 증가가 계속되면 실물가격 상승과 거품 붕괴, 고령화 비용 증가 등 악순환이 나타날 수 있기 때문에 금융부문 증가와 수익률 향상이 필요하다는 지적이다.

은행 금리는 너무 낮아서 계속 묶어 두기 어렵고, 부동산은 향방을 점칠 수 없으며, 금리가 조금씩 오르는 추세에서는 채권 투자도 생각하기 힘들다. 결국 남은 것은 주식 뿐 인데 요즘에는 적립식 펀드라는 간접 투자 방식도 정착되어 은행에 저축하러 가면 대부분 적립식 펀드를 권해주는 게 일반화 되어 있을 정도다.

여기에 자본주의 논리인 '수요와 공급의 법칙'을 생각해 보면 공급(주식회사의 상장)은 일정하거나 소폭 증가하는데 비해 수요는 점점 늘어나는 형국이므로 중장기적으로 보았을 때 미국처럼 대세 상승할 것이라는 데는 이견이 없다. 자세한 향후 주식시장의 전망에 대해서는 다음 장을 참조하길 바란다.

이상으로 4대 투자수단에 대한 향후 전망을 점검해 보았는데, 주관적이든 객관적이든 앞으로 '주식'을 빼 놓고는 재테크를 이야기하기 힘들 것으로 생각된다. 따라서 21세기에 살고 있는 우리로서는 향후 인생 전반에 걸쳐 써야할 지출들을 각자의 자금 환경에 맞게, 또 투자 변수에 맞게 포트폴리오를 갖추는 것이 가장 편안하게 인생을 사는 방법일 것이다.

문제는 주식도 부동산만큼이나 어렵고 복잡한 투자수단이라는 점이다. 어느 종목에 어떤 방식으로 투자해야 하는지, 생각하면 할수록 판단을 내리기 어렵다. 먹고 살기도 바쁜데 밤 새워 고민하기보다는 전문가를 찾아가자. 전문가에게 맡기는 것이 최선의 방법이다. 요즘은 각 금융기관별로 전문가들이 진을 치고 있다. 전문가와 상담을 하고 고객 본인의 성향에 맞게 상품을 선택하면 된다. 그리고 지금까지 해 왔던 대로 열심히 사회생활을 하다보면 5년, 10년 뒤에는 만족스런 수익률을 가져갈 수 있을 것이다.

전문가에게 맡기는 것과 더불어 제안하고 싶은 것은 '하루살이식 재테크'를 하지 말자는 것이다. '하루살이식 재테크'란 하루살이가 단 하루에 모든 정열을 불태워

사는 것처럼 재테크를 짧은 기간 동안 하는 것을 말한다. 인생은 길기 때문에 상품의 종류와 수익률을 떠나 3년 미만의 단기 저축과 투자는 만기시 재투자가 어렵다. 새 차를 구입한 필자의 후배처럼 흐지부지 써버릴 가능성이 높다. 어차피 평생 동안 재테크를 할 계획이라면 조금 더 멀리, 조금 더 길게 봐야 예고 없이 찾아오는 투자의 기회를 잘 잡을 수 있을 것이다.

MEMO

Ⅱ. 인생을 바꾸어 놓을
'백만장자 프로젝트'

II. 인생을 바꾸어 놓을 '백만장자 프로젝트'

1. '대한민국호'에 탑승하자

> **"Wait and See"** (중앙일보, 2004/11/18)
> **미국 백만장자들은 장기 투자자**
>
> 올들어 미국의 백만장자가 200만 가구나 늘어났다. 이들의 재산 증식 비결은 주식에 투자한 뒤 시장 변동에 구애받지 않고 장기간 보유하는 것이다. 미국의 시장정보 업체인 TNS파이낸셜 서비스는 올 6월 현재 주택을 제외한 순자산이 100만달러(약 11억 원)가 넘는 가구는 820만 가구로 지난해 같은 기간보다 33%(200만 가구) 증가했다고 16일(현지시간) 밝혔다. 이는 TNS가 1961년부터 통계를 집계한 이래 최대 규모며 증가

율 역시 사상 최고 수준이다.

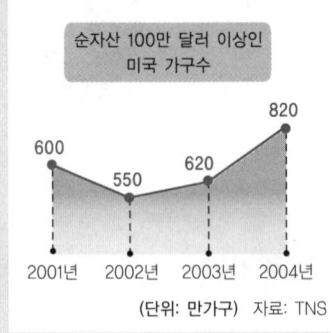

순자산 100만 달러 이상인
미국 가구수

600

550

620

820

2001년   2002년   2003년   2004년

(단위: 만가구)   자료: TNS

TNS는 백만장자가 급증한 이유로 장기적인 투자전략을 꼽았다. 이들은 증시가 하강국면에 있을 때도 기존 투자방식을 크게 바꾸지 않아 상승기에 많은 이익을 봤다는 설명이다. 2003년 6월부터 지난 6월까지 뉴욕증시의 다우존스지수는 15%, 나스닥 지수는 25%가 상승했다. 지넷 투어 TNS매니저는 "대부분의 투자자가 9.11테러 후 금융시장을 떠났지만 백만장자들은 금융시장을 떠나지 않고 시장이 살아나기를 기다렸다"고 말했다. 실제 TNS설문조사 결과 백만장자의 48%는 금융 시장이 급격히 위축된 경우에도 투자계획을 거의 바꾸지 않았고, 46%는 기다리며 시장을 주시(wait-and-see)한 것으로 나타났다.

2004년 11월 18일 중앙일보 경제면에 미국의 백만장자들의 탄생과 관련한 기사가 실린 적이 있다. 미국의 백만장자들은 단기적인 주식시장의 변동에 개의치 않고 중장기적 시각으로 투자한 사람들이라는 내용의 기사였는데, 우리나라의 경우로 예를 들자면 IMF 이후 주가가 폭락했을 때에도 주식시장을 떠나지 않고 계속 투자한 사람들은 지금쯤 백만장자가 되었을 것이라는 요지의 기사였다.

주식에 조금이라도 관심이 있는 사람이라면 이 말이 당연하다고 생각할 것이다. IMF 이후에 주식을 사서 지금까지 보유했다면 적은 금액의 투자로도 이미 자산가가 되어 있을 것이기 때문이다. 필자도 지금까지 삼성전자나 신세계, 현대자동차 등 블루칩 주식을 계속 갖고 있었다면 어떻게 되었을까 하고 상상도 해 보고 후회도 많이 한 것이 사실이다. 하지만 후회한들 소용이 없다. 이미 기회는 지나가 버렸다.

하지만 21세기의 2040세대 앞에는 마지막 기회가 남아 있다. IMF 직후의 주식시장과 유사하거나 아니면 더 큰 기회가 될 수도 있다. 왜냐하면 우리 시장은 미국 증시가 거쳐 간 발자취를 그대로 답습하고 있기 때문이다.

미국의 경우 1960년대부터 1980년대 초반까지 우리나라처럼 주가지수가 1천 포인트 대를 왔다 갔다 하다가 1980년대 초반부터 대세 상승기에 돌입했다. 이후 불과

〈 표 : 미국의 증시 상승 사례 (매일경제 2004.11.28) 〉

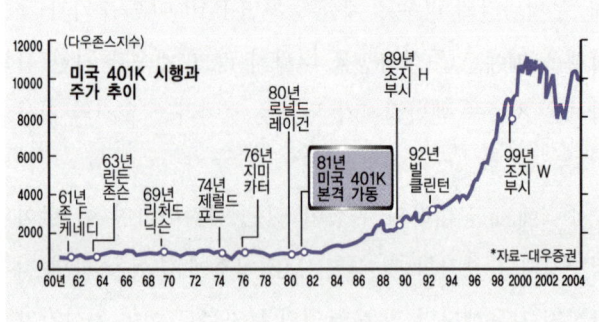

20여년 만에 대망의 1만 포인트 시대를 열게 되었는데 20년 동안 연평균 수익률이 20%를 넘는다. 이 덕분에 우리가 가끔 영화에서 보듯이 평범한 근로자가 은퇴 후에는 캠핑카를 타고 전국 일주를 하며 풍요로운 여생을 보낼 수 있게 된 것이다.

그렇다면 주가가 어떻게 중장기적으로 급격한 상승을 할 수 있었을까? 흔히 주가는 '주인과 등산을 하는 강아지'에 비유된다. 주인과 강아지가 등산을 하면 강아지는 주인을 앞서거니 뒤서거니 하지만 주인이 산 정상에 오르면 강아지도 산 정상에 오를 수밖에 없다는 뜻이다. 즉, 주가는 단기적이고 개별적인 호재와 악재에 대해 민감하게 반응하게 마련이지만 중장기적으로 국가의 경제가 튼튼해지면 따라서 올라갈 수밖에 없다.

미국의 경우도 단기적으로는 많은 변동이 있었지만 국가 경제가 성장하고 튼튼해짐에 따라 주식시장도 대망의 1만 포인트 시대를 열게 되었던 것이다.

이 시점에서 우리나라의 향후 경제성장에 대해 논하고 싶은 것은 결코 아니다. 수출입 의존도가 매우 높은 전형적인 무역국가 대한민국의 앞에는 유가라든지 환율, 금리 등 거시적인 경제변수가 언제 어떻게 변할지 모른다. 또 중국, 일본, 미국, 러시아의 틈새에 끼어있을 뿐 아니라, 북핵문제 같은 초대형 폭탄도 언제 어떤 식으로 터질지 모르기 때문이다.

하지만 앞으로 대한민국의 미래 앞에 어떤 폭탄이 터지든 간에, 후진국으로 전락하지만 않는다면 중장기적으로 주식은 뜰 수밖에 없다는 것이다. 이런 예상의 가장 강력한 근거는 '수요와 공급의 법칙'이다.

미국의 경우 1980년도에 '401K'라는 법안이 시행되었는데, 이 법안의 골자는 퇴직연금의 과세를 연금을 타는 시점으로 이연하는 것이다. 즉, 수익이 생긴 부분에 대하여 바로 세금을 징수하지 않고 재투자를 한 뒤, 이후에

징수하는 것이다. 나중에 내야 하는 세금이 많아지지만 그만큼 수익도 많아지기 때문에 투자자에게 훨씬 더 유리하다는 내용이다. 이를 '과세 이연 효과'라 한다.

이 법안이 시행되자 천문학적 연기금이 조성되게 되었다. 알다시피 미국은 우리나라와는 비교할 수 없을 정도로 경제규모가 크다. 이 연기금의 상당액이 주식시장으로 유입되면서 공급은 일정하거나 소폭 증가하는데 비해 수요는 기하급수적으로 늘어나게 됨으로써 20여년 만에 주가를 10배 이상 끌어올리는 일등 공신의 역할을 하게 되었다. 퇴직연금은 국민연금과 더불어 시간이 지날수록 규모가 커지는 특징이 있는데 바로 이러한 점이 안정적인 매수세 형성으로 작용하여 20년 동안 큰 요동없이 대세 상승할 수 있었던 큰 원동력이 된 것이다.

그런데 '401K' 법안이 미국 증시 상승에 큰 힘이 된 것은 사실이지만 절대적 역할을 한 것은 아니다. 미국 경제도 그 기간 동안 많은 성장을 했고, 또한 미국인들은 간접투자에 대한 인식이 정착되어 있었기 때문에 여러 경로의 매수 세력이 주가를 계속 끌어올렸을 것이다. 어찌되었건 2010년 현재 미국의 다우존스지수는 10,000포인트를 왔다 갔다 하고 있다.

재테크는 결론이 중요한 것이다. 최근의 대한민국 모습이 1980년대 초반의 미국의 모습과 많이 닮았다는 견해도 많다. 그렇다면 지금부터 시작인 것이다.

우리나라도 2005년 12월 1일부로 근로자 퇴직연금제도가 도입되었다. 퇴직연금제도가 도입된 가장 큰 이유는 고령화 사회를 앞두고 있는 대한민국 국민들이 연봉제라는 이름으로 노후자금을 미리 당겨서 써 버리기 때문이다. 어쨌든 2010년부터는 기존의 퇴직금제도에 대해 손비인정을 해 주지 않기 때문에 5인 이상의 사업장에서는 반드시 가입할 수 밖에 없다. 또한 근로자 입장에서도 연간 300만 원 한도까지 소득공제를 받을 수 있어서 2006년 하반기부터는 퇴직연금 가입이 급증하고 있다고 한다.

그렇다면 퇴직연금의 규모는 어느 정도나 될까? 연구기관별로 조금씩 상이하지만 2010년 경이면 약 50조 원의 퇴직연금이 조성될 것으로 전망된다고 한다. 최근 한 언론이 조사한 바에 따르면 2050년 경에는 무려 2,100조 원 규모로 증가할 것이라고 한다.

이러한 퇴직연금에는 크게 확정급여(Defined Benefit,

DB)형과 확정기여(Defined Contribution, DC)형 두 가지가 있는데 확정급여형은 기존의 퇴직금제와 유사한 형태이고, 확정기여형은 주식과 채권에 투자하는 펀드형 형태를 말한다.

금리는 앞으로 저금리기조가 지속될 것으로 전망되고 있어 퇴직연금 가입자들이 확정급여형 보다는 확정기여형을 선호하리라는 것이 전문가들의 견해이다. 이 말은 결국 퇴직연금의 상당액이 주식시장으로 유입될 것이라는 뜻이다.

또한 현재 간접투자에 대한 인식이 많이 정착되어 있어 매월 수 천억 원이 넘는 개인투자자금이 적립식 펀드에 유입되고 있고, 2005년 대비 2006년에는 국민연금을

〈 표 : 퇴직연금 시장규모 예측 〉

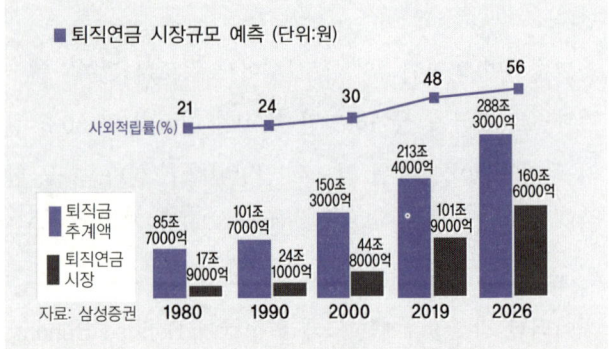

포함한 3대 연기금(국민연금, 공무원연금, 사학연금)의 주식 투자 비중이 확대되고 있다. 향후 투자환경변화(금리, 부동산, 채권, 주식)를 고려해 본다면 3대 연기금은 점진적으로 주식 투자 비중을 더욱 확대해 나갈 것으로 예상된다.

이런 식으로 향후 20년이 흘러가면 어떤 일이 생길까? 필자의 생각으로는 앞으로 20년 후엔 종합주가지수가 최소 5천 포인트에서 1만 포인트 사이에서 형성될 것으로 확신한다. 우리나라의 주식시장은 미국 대비 규모가 훨씬 작아서 수요에 더욱 민감할 수 밖에 없기 때문이다.

주가지수 2천 포인트를 기준으로 우리나라의 총 시가총액은 약 1,000조 원 정도라고 한다. 이 중에서 1/3은 대주주 및 특수 관계인의 지분이고, 1/3은 외국인이 보유하고 있다. 따라서 시중에서 유통되는 주식은 나머지 1/3인 약 200조원~300조 원 정도다. 이 정도의 시장에서 매년 큰 폭의 매수세가 유입되게 되면 웬만한 악재에도 흔들림 없이 미국처럼 대세 상승할 것이다. 실제로 2007년도에 주가는 사상 최고치를 기록하였고 외국인들의 꾸준한 매도에도 불구하고 큰폭의 하락없이 버티고 있다. 웬만한 악재도 넘길 수 있는 내성이 생겼다고 볼 수 있는데 결국은 '수요와 공급의 법칙'에 입각해서 매수세가 받쳐 준다고 분석할 수 있다.

이런 흐름이 앞으로 20년 이상을 갈 것으로 생각된다. 이제 우리 국민들은 주가지수 1만 포인트 시대를 향한 '대한민국호'에 탑승하기만 하면 된다. 국민연금이 현재 5060세대가 가장 큰 혜택을 보듯이 '백만장자 프로젝트' 는 2040세대가 가장 큰 혜택을 볼 것이다. 이미 50대 이 상은 장기 투자를 하기엔 늦었고, 10대가 성장해서 사회 생활을 할 무렵엔 주가는 오를 대로 올라 있을 것이기 때 문이다. 실제로 최근 미국의 적립식펀드 수익률은 은행 보다 못한 경우가 많다고 한다. 주가가 이미 오를 대로 올라서 수수료를 빼고 나면 남는 것이 없기 때문이다.

'백만장자 프로젝트'는 다시 오지 않는 기회이다. 한 국가의 성장과정을 보면 시기별로 금리, 부동산, 채권, 주식이 각각 뜨는 시기가 있게 마련인데 2008년 베이징 올림픽을 앞두고 중국의 부동산 시장에 우리나라 투자자 들이 몰려 투기열풍을 불러일으킨 것이 대표적인 사례 다. 우리나라의 경험으로 보았을 때 올림픽 전후로 부동 산 시장이 뜰 것으로 확신했기 때문이다. 백만장자 프로 젝트도 마찬가지다. 외국인 투자자들도 미국, 일본, 유럽의 사례를 경험했기 때문에 대한민국 주식시장도 중장기적으로 대세 상승할 것으로 확신하고 있다. 그래서 웬만한 악재에도 결코 우리나라 주식시장을 떠나지 않는 것이다.

대한민국에서 마지막 남은 기회인 '백만장자 프로젝트'를 어떻게 활용하느냐에 따라 2040세대의 미래가 걸려 있다고 해도 과언이 아니다. 돈 쓸 일이 널려 있는 '이벤트 인생'을 살고 있는 2040세대는 지금부터라도 허리띠를 약간 졸라매고 앞으로의 지출에 대비한 계획을 세워야 한다.

백만장자 프로젝트의 흐름을 잘 활용한다면 현재의 삶의 질을 유지하면서도 인생의 필요한 시기에 필요한 자금을 효율적으로 조달할 수 있음은 물론, 고령화와 저출산 시대의 노후기에 절대 빈곤의 늪에 빠지지 않을 수 있을 것이다.

2. 누구나 다 하는 적립식 펀드

　백만장자 프로젝트의 요체는 '장기적으로 주식에 간접 투자하는 것'으로 정리할 수 있다. 필자의 예전 고객 중 한 분은 증권회사에 수수료를 주는 것이 아까워서 매월 일정한 날에 조금씩 주식을 직접 매입했던 분이 있었는데 결과는 어떻게 되었을까? 불과 1년을 넘기지 못하고 손을 들고 말았다고 한다. 매월 일정한 날에 주식을 사야 하는데 전 날 대비 주가가 오르게 되면 '떨어질 때 사야 지', 전 날 대비 주가가 떨어지면 '더 떨어질 때 사야지' 하는 인간적인 갈등 때문에 도저히 계속할 수가 없었던 것이다. 여기에 이미 보유하고 있는 주식의 가치는 매일 변동되므로 아침에 출근하자마자 컴퓨터를 켜서 주가상황을 모니터링 하는 것이 일상화 되어 주가의 향방에 따라 울고 웃는 전형적인 직접투자자의 모습으로 바뀌어 가더란 것이었다.

　이처럼 개인의 능력으로는 간접투자를 하기가 결코 쉽지 않다. 이성보다는 감정이 앞서고 유혹에 약하기 때문에 컴퓨터 화면을 쳐다보고 싶은 욕구를 컨트롤할 수 없다. 그래서 백만장자 프로젝트를 잘 활용하려면 금융회사에 맡기는 것이 최선이다. 매월 자동이체를 시키고 운용결과에 대해서는 신경 안 쓰는 것이 가장 좋다. 그저 1년에 한, 두 번 정도만 어떻게 되어 가고 있는지 확인하면 된다. 백만장자 프로젝트의 핵심은 장기투자이기 때문에 누가 더 오래 투자하느냐에 따라 성공의 수익률이 달라진다. 금덩어리를 땅에 파묻고 기다리듯이 10년, 20년을 내다보고 투자하는 것이 가장 좋은 방법이다.

요는 기다릴 줄 아는 것이다. 기다리지 못하고 조급증을 내면 백만장자 프로젝트는 결코 손안에 들어오지 않는다.

이러한 '백만장자 프로젝트'의 효과를 극대화할 수 있는 금융상품이 바로 '적립식 펀드'이다. 요즘은 은행에서도 일반 적금 대신 적립식 펀드를 권해 주는 것이 일반화되어 있을 정도다. 지금부터 적립식 펀드의 수익구조에 대해 자세히 알아보자.

1) 하이 리스크 하이 리턴?

적립식 펀드의 탄생배경은 저금리로 인한 인플레이션 헷지의 필요성 때문이라고 할 수 있다. 낮은 금리로 인해 실질 자산가치가 인플레이션에도 못 미치는 일이 발생하게 되자 이를 해소할 수 있는 금융상품 개발이 절실하게 되었고, 결국 자산운용수익률을 높이는 방법으로 주식과 채권에 매월 투자하는 적립식 펀드가 탄생하게 된 것이다.

우리나라의 경우도 IMF 이후 사상 유례없는 급격한 저금리로 인해 은행금리가 인플레이션을 따라 잡지 못하는 사태가 지속되고 있다. 이러한 현상이 중장기적으로 계속될 것으로 많은 전문가들이 예측하고 있기 때문에 앞으로도 적립식 펀드는 재테크의 주류로 자리잡을 것이다.

적립식 펀드의 수익구조를 알아보기 전에 먼저 목돈 투자와 적립식 투자의 차이에 대해 살펴 보자. 지인 중에 어떤 사람이 3년 전에 퇴직금 중간정산을 받아 목돈 5천만 원이 생기게 되었다. 마침 친구가 모 증권회사 지점장으로 근무하고 있어서 추천을 받아 펀드에 투자하였는데 1년 뒤에 얼마가 되었을까? 3천5백만 원을 받았다고 한다. 주가하락기에 만기가 되었기 때문이었다. 다른 돈도 아닌 퇴직금을 손해 보게 되자 화가 난 투자자는 친구와 의절했다고 한다.

또 다른 사례로 브릭스 펀드가 있다. 브라질, 러시아,

인도, 중국 등 신흥 개발도상국에 투자하는 펀드인데 몇 년 전에 연 50% 이상의 수익률을 올린 적이 있다. 그래서 많은 자산가들이 이듬해에 앞 다투어 투자했는데 그 다음해 수익률은 얼마였을까? 기대와는 달리 마이너스 수익률이 발생했다고 한다.

그래서 투자자들이 난리가 난 적이 있는데 이처럼 주식투자는 'High Risk, High Return'의 법칙이 존재하는 시장이다. 투자 수익률이 높은 만큼 원금 손실도 가능하다는 뜻인데 이처럼 목돈을 한 번에 투자하는 것은 시장상황에 대한 리스크가 너무 크기 때문에 별로 바람직하지 않다.

주식투자의 3요소는 '언제, 어느 종목에, 얼마를' 투자하느냐는 것이다. 종목과 금액은 투자자의 몫이지만 '언제'라는 타이밍은 신의 영역이다. 만약 이 타이밍만 알 수 있다면 누구나 다 부자가 될 수 있을 것이다. 그래서 시장상황에 따른 리스크를 줄이면서 수익률을 높이기 위해 만들어 낸 상품이 바로 매월 일정한 날에 투자하는 '적립식 펀드'인 것이다. 그렇다면, 적립식 펀드의 강점은 무엇인지 알아보자.

〈 표 : 적립식펀드에 대한 이해 〉

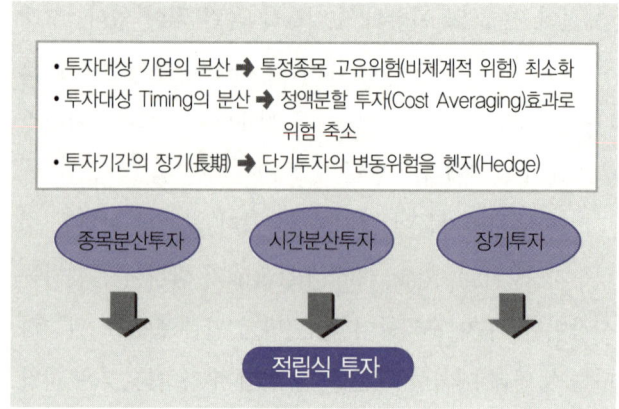

• 투자대상 기업의 분산 ➡ 특정종목 고유위험(비체계적 위험) 최소화
• 투자대상 Timing의 분산 ➡ 정액분할 투자(Cost Averaging)효과로
　　　　　　　　　　　　　위험 축소
• 투자기간의 장기(長期) ➡ 단기투자의 변동위험을 헷지(Hedge)

종목분산투자　　시간분산투자　　장기투자

적립식 투자

▶ 평균매입비용감소 & 복리효과

적립식 펀드의 수익구조는 크게 평균매입비용 감소
(Cost Averaging) 효과와 복리(Compound Interest)효과
의 두 가지가 있다. 평균매입비용 감소 효과란 매월 일정
한 날에 투자하다 보니 주식이 비쌀 때는 조금만 사게 되
고 주식이 쌀 때는 많이 살 수 있기 때문에 시간이 흘러갈
수록 주당 매입단가를 낮추게 된다는 원리를 말한다.

예를 들어 S전자의 주식이 한 주당 50만 원 한다고 가
정하면 100만 원을 투자 했을 때 2주를 살 수 있다. 만약

다음달에 S전자가 하한가를 기록해서 25만 원으로 떨어졌다면 4주를 살 수 있다. 이어 그 다음달에 상한가를 기록해서 100만 원으로 올랐다면 1주 밖에 살 수 없을 것이다. 이렇게 3개월을 투자하면 투자원금이 300만원인데 보유주식은 7주가 된다.

이를 주당 평균 매입단가로 나누어 보면 약 43만 원 정도가 되는데 실제 주식의 가치는 100만 원이므로 300만원의 투자원금이 700만 원이 되어 있다. 주가변동을 극단적으로 압축해서 표현한 사례이지만 이런 방법으로 장기간 투자를 하게 되면 큰 수익을 낼 수 있다. 이런 효과를 평균매입비용 감소(Cost Averaging)효과라고 한다.

두 번째로 복리효과란 이자에 이자가 붙는 것처럼 적립식 펀드에서도 주식매매를 통한 차익이 계속 재투자되어 수익에 수익이 붙게 되는 효과를 말한다. 국내의 한 자산운용사의 경우 수시로 변하는 주가에 대응하기 위해 '상승 5%, 하락 15%'의 기준을 두고 컴퓨터가 자동적으로 시스템 매매를 하도록 운용하고 있다. 즉, 펀드에 편입된 주식의 주가가 5% 상승할 때까지 구간별로 주식을 매도하고, 주가가 15% 하락할 때까지 구간별로 주식을 매입하는 식이다.

이를 알기 쉽게 설명하면 첫 번째 달에 100만 원을 투자해서 매매차익이 10만 원이 발생한 경우 그 다음부터는 110만 원이 재투자 되는 형태인데, 주식매매차익을 환매하지 않고 계속 재투자를 하기 때문에 잘만 운용하면 상당한 복리효과를 얻을 수 있다.

이러한 적립식펀드의 수익효과는 펀드 운용사나 펀드별로 운용방법에 따라 다르기 때문에 투자하기 전에 꼼꼼히 확인할 필요가 있다. 일반적으로 프랭클린 템플턴이나 피델리티 같은 외국계 자산운용사는 평균매입비용 감소 효과를 극대화할 수 있다. 이런 회사의 애널리스트들은 전 세계에 걸쳐 장기적으로 성장 가능한 종목을 발굴하기 때문에 장기 적립식펀드에 강한 경쟁력을 갖고 있다.

반면 국내 자산운용사들은 장기적으로 보유하는 펀드도 있지만 주로 펀드매니저들이 적극적인 주식매매를 통해 수익을 극대화하는 목표를 갖고 있기 때문에 복리효과를 많이 기대할 수 있다.

경우에 따라서 하나의 펀드에서 두 가지 효과를 모두 기대할 수도 있지만 일반적인 운용형태를 설명한 것이므로 투자하기 전에 반드시 자세히 살펴볼 필요가 있다.

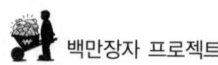

▶ 장기간 투자의 안정성

〈 표 : 적립식펀드의 수익구조도 〉

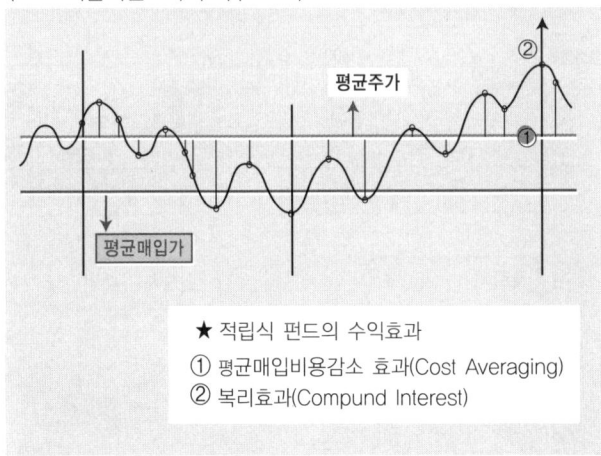

★ 적립식 펀드의 수익효과
① 평균매입비용감소 효과(Cost Averaging)
② 복리효과(Compund Interest)

적립식 펀드의 투자결과는 고객에게 귀속된다. 원금손실의 위험성이 있다는 뜻인데, 많은 사람들이 이러한 막연한 리스크에 부담을 느낀다. 하지만 적립식 펀드의 구조를 잘 살펴보면 과학적인 시스템으로 되어 있기 때문에 장기간 투자할 경우 손실을 입을 확률이 매우 낮다는 것을 알 수 있다.

다음의 표를 보면 크게 4가지의 주가상황이 나와 있는데 첫째는 보합장세를 말한다. 주가지수 500에서 시작해서 5년 후에도 역시 500이라면 목돈을 투자했을 때는 수익

〈 표 : 정액분산투자방식 검증 〉

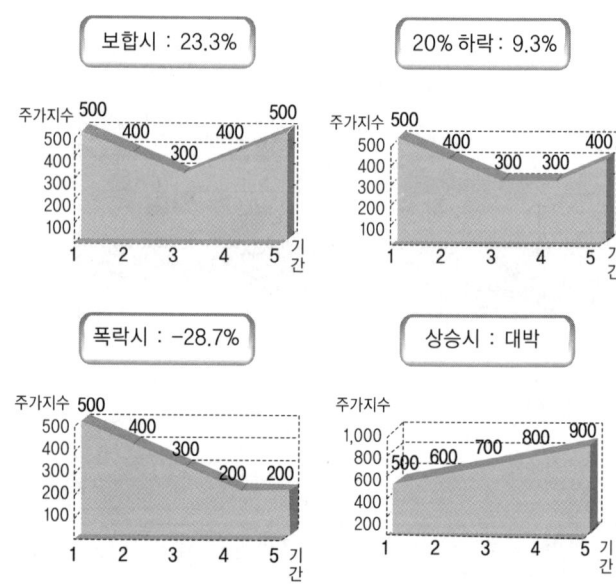

이 '0'일 것이다. 하지만 적립식으로 투자하게 되면 약 23%의 수익을 올릴 수 있다. 중간에 주가가 떨어졌을 때 사둔 주식들이 수익을 낸 것이다.

둘째는 하락장세이다. 주가지수 500에서 시작해 5년 후에 400이 된 경우인데, 역시 목돈을 투자했다면 20% 손실을 입을 것이다. 하지만 적립식으로 하면 주가가 300 으로 떨어졌을 때 사둔 주식들로 인해 약 9%의 수익을 올릴 수 있다.

셋째는 폭락장세이다. 주가지수 500에서 시작해 200까지 계속 하락한 경우인데 목돈을 투자했다면 무려 60%의 손실을 입을 것이다. 하지만 적립식으로 매월 리스크를 줄였기 때문에 약 28%의 손실로 막을 수 있다.

넷째는 상승장세이다. 주가지수 500에서 시작해 900까지 계속 상승한 경우인데 이런 경우에는 적립식 투자보다 목돈 투자가 훨씬 유리할 것이다. 하지만 주가의 움직임은 '신(神)의 영역'이기 때문에 아무도 예측할 수 없다.

실제의 주가는 위의 4가지가 혼재되어 움직이기 때문에 목돈 투자보다는 매월 적립식으로 투자하는 것이 리스크를 줄이고 안정적인 수익을 낼 수 있는 것이다.

▶ 적립식 펀드의 수익 예시

아래의 표는 적립식 펀드가 장기적으로 어떤 수익을 낼 수 있는지를 예시한 표이다. 사실 2005년까지 우리나라의 주가지수는 1천 포인트 대에서 오르락 내리락 했지만 대표 우량주의 경우는 그 동안 꾸준히 상승해 왔기 때문에 만약 1985년부터 20년 동안 투자했다면 엄청난 수익을 기록했을 것이다. 우량주는 장기적으로 보았을 때 지속적으로 상승할 것으로 전망되기 때문에 지금 투자를 시작한다 해도 20년 후에도 마찬가지로 기대 이상의 수익을 낼 것으로 전망된다.

이외에 장기적인 적립식 펀드가 어떤 효과를 가져올 수 있는지에 대해서는 아래의 '72의 법칙'을 참고하여 알아보자.

'72법칙이란' 재테크에서 자주 거론되는 법칙으로 투

〈 표 : 대표우량주 주가 변동표 〉

대표우량주 주가변동표

구 분	삼성전자	신세계	롯데칠성	태평양	농 심
1985년	8,000	6,000	10,000	7,000	5,000
1987년	50,000	25,000	15,000	20,000	18,000
1995년	100,000	53,000	100,000	18,000	18,000
1997년	60,000	12,000	60,000	20,000	40,000
1999년	250,000	50,000	70,000	33,000	60,000
2002년	300,000	150,000	650,000	120,000	90,000
2004년	450,000	320,000	900,000	220,000	250,000
연 상승률	22.3%	22%	25.2%	18.8%	21.7%

백만장자 프로젝트

자한 금액이 두 배가 되기까지 걸리는 시간을 계산하는 방식이다. 예를 들어 은행 금리가 6%라면 72를 6으로 나눠 나온 숫자 12가 바로 투자금액을 두 배로 불리는데 필요한 연수다.

매일경제신문 2004년 8월 26일자 기사는 '72의 법칙과 복리의 마술'이라는 제목의 기사에서 72법칙의 운용 효과를 거론하고 있다.

1626년 네덜란드계 이민자들이 아메리카 인디언들로부터 맨하탄을 불과 24달러에 사들인 거래를 두고 호사가들이 잘한 거래인지 잘 못한 거래인지를 놓고 의견들이 분분했다. 산 사람과 판 사람 중 누가 유리했을까?

미국의 유명한 펀드매니저 피터 린치는 당시 인디언들이 땅값으로 받은 물건을 현금으로 바꿔 연리 8%의 채권에 복리로 투자했을 경우, 3백60여년이 흐른 1989년에는 그 가치는 32조 달러에 이른다고 밝혔다. 이것이 바로 복리의 마술이다.

1억 원을 2억 원으로 만드는데 얼마나 기간이 필요할까? 72의 법칙을 사용하면 금방 알 수 있다. 예컨대 연간 6%의 수익률로 운용하게 된다면 72를 6으로 나눈 값, 12년이 걸린다. 5년 후에 현재의 돈을 두 배로 만들고 싶다면 매년 몇 %의 투자수익률을 올려야 하는지를 알고자 할 경우에도 72를 5로 나누면 된다는 것이다. 그 결과 매년 14.4%로 5년간 운용하면 내 돈은 2억 원이 된다는 것이다.

이 기사는 이러한 '72의 법칙'이 우리에게 주는 메시지를 다음과 같이 소개했다.

1. 꾸준하게 장기적으로 투자하라.
2. 너무 높은 수익률을 위해 위험이 큰 투자 수단에 투자하기보다는 적절한 수익률을 목표로 투자 수단을 몇 가지로 나누어 위험을 줄이는 투자를 실시하라.
3. 부자는 하루아침에 태어나지 않으며, 명확한 목표를 향해 꾸준히 재테크를 함으로써 탄생한다.
4. 남들과 절대적인 재산 규모로 비교하지 말고 자신만의 행복을 추구하라.
5. 지금은 부자가 아닐 수 있지만 10년, 15년 후에는 부자가 될 수 있다. 포기하지 말고 자신의 능력을 믿고 노력하라.
6. 한 번의 대박이나 신데렐라가 되어 부자가 된 이야기는 세인들의 이목을 집중시키지만 실제로는 확률적으로 거의 일어나지 않는다. 그렇기에 더욱 화제가 될 뿐이다.

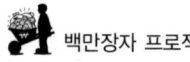 백만장자 프로젝트

부자가 될 확률이 가장 높은 방법은 자신의 일을 사랑하고 목표를 향해 꾸준하게 달려가는 것이다.

7. 부자가 되지 못한 이유를 세상 탓으로 돌리지 말라. 자신에 대한 믿음 부족이 가장 큰 원인이다.

8. 피하지 못할 일이라면 즐기면서 하라.

2) 적립식 펀드, 최소 5년은 투자하라

주가의 움직임을 예측할 수 있는 사람은 아무도 없다. 앞으로 3~4개월 후의 주가를 예측할 수 있다면 누구나 부자가 될 것이다. 하지만 3~4년 후는 어떨까? 전문가라면 어느 정도는 예측이 가능할 것이다. 왜냐하면 주가는 보통 경기와 함께 움직이기 때문이다.

일반적으로 주가를 경기의 선행지표, 부동산을 경기의 후행지표라고 한다. 경기와 함께 움직인다는 뜻인데 우리나라의 경우 평균 경기상승기간은 약 35개월, 경기하강기간은 약 20개월 정도로 분석할 수 있다.

이를 합치면 대략 5년 정도 걸린다고 보면 된다.

〈 통계청에서 분류하는 경기변동 양상 〉

– 1980년 9월 ~ 1984년 2월 : 경기상승기

– 1984년 2월 ~ 1985년 9월 : 경기하강기

– 1985년 9월 ~ 1988년 1월 : 경기상승기

– 1988년 1월 ~ 1989년 7월 : 경기하강기

– 1989년 7월 ~ 1992년 1월 : 경기상승기

– 1992년 1월 ~ 1993년 1월 : 경기하강기

– 1993년 1월 ~ 1996년 3월 : 경기상승기

– 1996년 3월 ~ 1998년 8월 : 경기하강기

적립식 펀드는 그 구조상 주가가 고점과 저점을 찍고 다시 고점으로 올라가야 제대로 수익을 낼 수 있다. 이 말은 최소 한 번 이상의 경기순환이 필요하다는 뜻인데 경기변동 사이클을 포함하는 기간, 즉 5년 이상을 투자해야 효과를 본다는 뜻이다. 그런데 은행이나 증권회사의 창구에 가 보면 대부분 3년 미만의 펀드를 권유한다. 은행이나 증권은 단기 금융회사이기 때문인데, 그러다 보니 주가 하락기에 만기가 되면 적립식 펀드도 손해를 볼 수 있다.

얼마전에 지인으로부터 적립식펀드의 환매에 관한 질

문을 받은 적이 있었다. 적립식 펀드를 가입하고 있는데 몇 달 동안 주가가 떨어지니까 환매를 하는 편이 낫지 않겠느냐는 것이었다.

필자는 망설이지 않고 한심하다며 무안을 줬다. 주가가 몇 달간 하락하여 불안한 마음에 전화를 한 심정은 이해가 되지만 직접투자도 아니고 간접투자를 하면서 그런 고민을 하는 이유가 답답했기 때문이다. 불안한 이유는 단기 적립식펀드이기 때문이다. 어차피 주식과 부동산은 사이클이 있기 때문에 언젠가는 오르기 마련이다. 하지만 중장기적으로 생각하지 않고 단기적으로 투자하다 보니 주가의 오르내림에 좌불안석일 수 밖에 없는 것이다.

따라서 적립식 펀드는 최소 5년 이상의 투자계획을 세워야 한다. 경기가 두 번 이상 순환되는 10년이면 반드시 이익이 난다. 이렇게 20년, 30년을 하면 누구나 다 백만장자가 될 수 있다. '백만장자 프로젝트'가 시작되었기 때문이다.

그래서 필자는 단기 투자를 권유하는 은행이나 증권회사보다는 생명보험회사의 장기 연금펀드를 추천해 주고 싶다. 은행과 증권은 주력 상품이 5년 미만의 단기 금융기관이지만 보험회사는 평생동안 운용할 수 있는 장기 금융기관이기 때문이다. 일반 적립식펀드와 장기 연금펀드가 어떤 차이점이 있는지는 다음 장에서 자세히 알아보자.

3. 일반 적립식펀드 *VS* 장기 연금펀드

간접투자 방식에는 은행과 증권회사에서 운용하는 일반 적립식펀드(보통 주식비중 90% 이상)와 생명보험회사의 장기 연금펀드(보통 주식 50%, 채권 50%)가 있다.

장기 연금펀드는 연금상품을 적립식 펀드로 운용하는 컨셉인데, 크게 '변액연금보험'과 '변액유니버셜보험'의 두 종류로 나눌 수 있다. '변액연금보험'은 납입기간이 정해져 있는 상품이며, '변액유니버셜보험'은 종신토록 운용하되 2년 후부터 납입유예가 가능한 상품이다. 두 가지 상품 모두 수시 입출금이 가능하며 원하는 시기에 연금으로 전환해서 평생 수령할 수 있다. 사실 이런 상품들은 이미 몇 년 전에 출시되었기 때문에 우리나라의 수많은 FP(Financial Planner)들에 의해 일반화 되어 있다고 해도 과언이 아니다.

하지만 일반인들은 이러한 장기 연금펀드에 대해 정확히 잘 모르는 경우가 많다. 보통 알더라 하더라도 일반 적립식펀드와 유사한 정도로 알고 있는데, 보험회사에서 운용하는 장기 연금펀드는 '사업비' 라는 비용이 책정되어 있기 때문에 만약 조기에 해약할 경우에는 손실을 입을 수 있다. 따라서 장기 연금펀드에 대하여 정확히 알고 가입해야만 불이익을 받지 않을 것이다.

장기 연금펀드에 대해 좀 더 자세히 알아보자.

1) 수수료를 우습게 여기지 말자

일반 적립식 펀드의 수수료는 크게 3가지로 구성되어 있다. 투입수수료, 운용수수료, 환매수수료인데 이중 가장 많은 부분을 차지하는 것이 운용수수료이다. 운용수수료는 매일 차감하도록 되어 있는데 일반 적립식펀드의 경우 수수료의 합계는 보통 연 2.5% 내외이다.

이에 반해 장기 연금펀드는 개인이 가입하는 것이 아니라 보험회사라는 기관이 가입하는 것이기 때문에 수수료는 보통 연 0.6% 내외로 책정한다. 수수료 차이가 그다지 크지 않은 것 같지만 매일같이 장기간동안 차감한 잔액이 재투자된다는 것을 고려하면 상당히 큰 금액을 절약할 수 있다.

이러한 점에서 '백만장자 프로젝트'가 20년을 내다보는 장기 프로젝트임을 감안해 본다면 일반 적립식펀드보다 장기 연금펀드가 훨씬 더 유리하다고 할 수 있다.

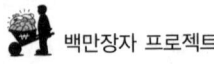

2) 안정적 펀드에 투자하라

일반 적립식 펀드는 대부분 주식형이다. 고수익 창출이 목표이기 때문에 대부분 주식에 90%이상 투자된다. 이에 반해 장기 연금펀드는 일부 회사의 펀드를 제외하고는 대부분 주식비중을 50% 이내로 구성한다.

미국의 경우는 주식 비중이 30%만 넘어도 주식형 펀드라고 표현하는데 그만큼 주가등락에 대한 리스크를 의식하기 때문이다.

주식비중이 높으면 주가 상승에 따라 큰 수익을 얻을 수 있지만 반대로 주가가 하락할 경우는 큰 손실을 입을 수도 있다. 'High Risk, High Return'을 피하고, 장기적인 안정적 수익을 위해서 적립식 펀드에 가입하는 것이 목적이라면 주식을 50%이내로 설정하고 있는 장기 연금펀드가 비교적 안정적이라고 할 수 있다.

이는 주식의 수익에 채권의 수익까지 보탤 수 있기 때문이다. 만약 주식이 예상보다 수익이 떨어진다 해도(또는 원금손실이 발생한다 해도), 채권이 버티고 있기 때문에 일반 적립식 펀드보다 안정성이 보장된다. 따라서 가입목적이 단지 향후 몇 년 내의 큰 수익을 목표로 하는 것이 아니라면 장기적인 관점에서는 주식의 편입비중을

50% 이내로 유지하는 장기 연금펀드가 여러모로 더 유리하다. 왜냐하면 주가의 향방은 쉽게 예측하기 어렵기 때문이다.

3) 하락장세에는 어떻게 대처할까?

주식시장은 경기에 따라 움직이다 보니, 몇 년을 투자하다 보면 어느 정도의 주가하락기를 누구나 경험하게 된다. 특히 10년, 20년 동안 투자하는 장기 연금펀드의 경우 반드시 주가하락기를 경험할 수밖에 없다. 그렇다면 투자 중에 주가가 하락기에 접어든다면, 어떻게 대처해야 할까?

일반 적립식 펀드는 환매를 해서 안전자산에 보관하다가 다시 주가상승이 시작될 시점에 재투자를 하는 방법밖에 없다. 하지만 증권회사나 펀드매니저들은 자산운용 수수료가 가장 큰 수입이기 때문에 고객의 이익을 생각해서 환매를 권유하는 경우는 거의 없다. 환매를 할 경우 수수료가 줄어들기 때문이다. 환매 타이밍을 놓치게 되면 그 동안 애써 모아 놓은 수익이 한 순간에 날아갈 수도 있는데, 이런 점이 은행과 증권회사의 가장 큰 리스크라고 할 수 있다.

장기 연금펀드의 경우라면 펀드변경이 가능하므로 환매하기보다는 채권형으로 옮기는 편이 낫다. 또는 중도인출이나 약관대출을 통해 안전자산으로 옮기는 방법도 있다. 장기 연금펀드가 갖고 있는 장점 중 가장 큰 장점이라고 할 수 있는 것이 바로 이러한 펀드 변경이다. 어느 방법이 좋은지는 해당 시점에서 FP와 상의를 통해 결정하면 된다.

장기 연금펀드는 사업비만 있을 뿐 운용자산에 대한 수수료를 FP에게 주지 않기 때문에 보다 적극적으로 지원이 가능하다. 바로 이 점이 장기적으로 고객의 자산을 관리해 주는 장기 연금펀드의 장점인 것이다.

그런데 FP가 펀드 변경 시점 정보까지 제공하는 것은 현실적으로 어렵다. 그러므로 주식시장의 상황에 대해서는 투자자가 신문과 뉴스를 통해 확인하며, 관심 있게 지켜보는 자세가 필요하다.

4) 갑자기 필요한 돈에 대한 대처 방법은?

인생을 살다보면 재정상황은 수시로 변하기 마련이다. 보너스를 받거나 연봉이 올라가는 등 생각보다 수입이 늘어날 수도 있고, 집안의 경조사나 주택 마련 등 갑자기

돈이 필요한 경우도 수시로 발생한다.

흔한 예로, 보너스 같은 여윳돈을 재투자하고 싶은데 마땅한 방법이 없어서 흐지부지 써 버리는 경우가 허다하다. 또 소액의 돈이 갑자기 필요하면 으레 신용대출이나 현금서비스를 생각하게 된다.

이런 경우에, 일반 적립식 펀드는 은행의 저축처럼 약정된 기간동안 의무적으로 납입을 해야 하기 때문에 돈이 생겨서 추가로 납입하거나, 돈이 필요해도 중간에 찾아 쓰기는 힘들다. 하지만 장기 연금펀드의 경우는 연금형태로 운용되기 때문에 추가납입과 중도인출이 자유롭다. 여기에 변액유니버셜보험은 의무납입기간 2년이 경과하면 월 대체공제를 통해 납입유예까지 가능한 장점도 있다.

장기 연금펀드의 이러한 강점이 가입해야 하는 이유 중에 하나라고 할 수 있다. 지갑에서 새는 돈만 잘 아껴도 몇 년이 지나가면 큰 목돈을 만들 수 있기 때문이다.

5) 비과세혜택을 챙기자

2006년 현재 세법은 주식매매차익에 대해 비과세를 인정해 주고 있다. 그래서 주식형 펀드의 경우 수익에 대해

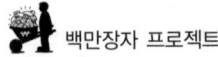

비과세혜택을 누릴 수 있는데, 주식과 채권이 혼합되어 있는 펀드의 경우(혹은 주식편입비율 이외의 금액)에는 주식 이외의 유동자산수익에 대해 이자소득세를 부과한다. 즉, 채권투자수익이나 배당수익, 이자수익에 대해서는 세금을 내야 하는데 세금의 많고 적음을 떠나 금융소득종합과세 산정기준에 포함되는 불이익이 있다. 여기에 장기간의 투자를 통해 수익이 많아진다면 실제로 내야하는 세금도 크게 불어날 수 있다.

자산가들한테는 물론이고 일반인들도 세금부분 만큼 손해를 입게 되는데 장기 연금펀드는 비적격 연금의 형태를 띠고 있기 때문에 10년 경과시 전액 비과세혜택을 받을 수 있다. 세금만큼 수익이 늘어나는 효과가 있으므로 비과세혜택은 금융소득종합과세를 걱정하는 자산가는 물론 일반인들도 장기 연금펀드에 가입해야 하는 강력한 이유이다.

6) 연금전환은 가능한가?

일반 적립식 펀드에 만기환급금은 물론 임대소득처럼 일정 시점부터 매월 일정액씩 죽을 때까지 자본이익을 받을 수 있는 상품이 있다면 어떨까? 아마 가입하겠다는 사람들이 줄을 설 것이다. 나이가 들수록 근로소득이나 사업소득을 발생시키기 힘들다 보니 40대만 돼도 월세 같은 임대소득에 대한 욕구가 많아진다. 만약 10년 전에 시작했던 적립식 펀드에서 이런 비활성소득을 매월 받을 수 있다면 기분이 어떨까? 아마 매우 만족해하며 받을 것이다.

하지만 일반 적립식 펀드는 불행하게도 그런 옵션이 없다. 오직 장기 연금펀드만 갖고 있다. 스위스산 다목적 칼 하나로 일상생활과 레저생활을 두루 즐길 수 있는 것처럼 장기 연금펀드의 연금전환옵션은 인생을 살아가는 데 있어서 다목적으로 활용할 수 있는 좋은 도구가 될 수 있다.

7) 만약 경제능력을 상실한다면?

20년짜리 장기 적립식 펀드에 가입했는데 몇 년 지나지 않아 갑작스런 불의의 사고로 경제적 능력을 상실하는 경우가 생기게 되었다. 만약 그런 경우에 은행과 증권회사에서 위로의 뜻으로 앞으로 남은 기간 동안 대신 불입해 주겠다는 제안을 하면 어떨까?

하지만 제 1 금융기관인 은행과 증권회사에는 그런 옵

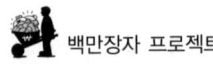

션이 없다. 제 2 금융기관인 보험회사만 가능하다. 참고로 유엔이나 WHO에서 추정하는 우리나라의 장애인 수는 약 470만명 정도라고 하는데, 그 중 90%이상은 후천적 장애(사고, 질병 등)라고 한다. 가입하고 있는 고객이 불의의 사고로 합산장해율 50%이상 판정을 받으면 가입기간 내내 보험회사에서 대신 내 준다. 누구나 자신의 앞날이 어떻게 펼쳐질지 모르니 만약 이런 경우가 생긴다면 큰 도움이 될 것이다.

8) 기타 할인제도는?

장기 연금펀드는 펀드에 투자하는 보험 상품답게 일정 금액의 사망보험금이 담보되어 있다. 이러한 사망보험금은 주계약이 아니라 특약으로 부과되어 있기 때문에 보험료는 거의 미미하다고 할 수 있다. 실제로 장기간의 펀드운용기간 중 이런 일이 발생하지 않으리라고 보장할 수는 없는 게 인생이기 때문에 일반 적립식 펀드와 대비하였을 때 큰 장점이라고 할 수 있다. 대한민국의 국민 중에 충분한 사망보험금을 갖고 있는 경우가 드물기 때문이다.

또한 '할인'이라는 단어에 익숙한 우리나라 국민들에

게 만족감을 줄 수 있는 것이 '고액할인제도'이다. 월 100만 원 이상을 납입하는 경우 일정금액을 할인 받을 수 있는데 할인제도는 국내 대형 생명보험사들만 적용해 주고 있다.

이러한 사망보험금과 할인제도는 일반 적립식 펀드에는 없는 장기 연금펀드만의 장점이라고 할 수 있다.

지금까지 간접투자방식인 일반 적립식 펀드와 장기 연금펀드의 장점을 8가지 항목으로 구분하여 알아보았다. 앞서 이야기했던 바와 같이 일반 적립식 펀드에 비해 장기 연금펀드가 가진 장점이 다양하지만, 유일한 단점이 한 가지 있다. 중장기 금융기관인 보험회사의 사업비가 부과된다는 것이다. 이는 조기 해약시에 원금 손실을 입을 가능성을 가지고 있음을 말한다.

따라서 장기 연금펀드는 반드시 5년 이상의 계획에만 적합한 상품임을 잊지 말자. 5년 미만은 은행과 증권회사의 상품을 이용하는 것이 유리하고 5년 이상은 지금까지 설명한 여러 가지 장점을 미루어 보건데, 보험회사 장기 연금펀드가 훨씬 유리하다.

결론적으로 20년 이상을 바라보고 시작하는 백만장자

프로젝트는 중장기 계획이다. 퇴직연금의 도입과 함께 시작된 백만장자 프로젝트의 효과를 극대화하려면 장기 연금펀드가 더욱 적합한 상품이다. 이는 앞으로 인생을 살아가면서 반드시 겪게 되는 몇 번의 주가하락기를 편안하고 여유로운 마음으로 넘길 수 있는 유일한 펀드이기 때문이다.

MEMO

Ⅲ. 부자들의 재테크 따라하기

III. 부자들의 재테크 따라하기

●●● '왜 나는 돈이 없을까?' 사회생활을 하고 있는 국민이라면 누구나 한번 쯤 해본 고민일 것이다. 열심히 일하고 있으며 저축도 계속 하는데 왜 돈에 늘 쪼들리는 걸까. 사실 동시대를 살아가는 우리나라의 국민 중 절대 다수는 이런 생각을 많이 할 것이다. 어쩌면 이 책을 읽는 독자도 지금 이 순간 이런 고민을 할지도 모른다.

원인이야 어찌 됐든 간에 결론은 재투자를 하기 전에 '다 써 버렸기' 때문이다. 인생을 살아가면서 눈 앞에 널려 있는 각종 지출 이벤트 덕분에 돈이 모일만 하면 쓰고 또 쓰다 보니 통장 잔고가 늘 바닥이다.

따라서 이번 장에서는 일반적인 재테크에 대해서는 간단하게 정리만 하고 실질적인 재테크에 대해 이야기 하고자 한다. 일반적인 재테크는 약간의 도움만 될 뿐 삶의 질이 획기적으로 개선되는 데는 별 도움이 되지 않기 때문이다. 아래의 자료를 참고로 해 보자.

〈 참고자료 〉

내가 돈을 모으지 못한 이유는?

1. 금리가 너무 낮아서?
  – 우리나라 금리 추이
   ▶ 1994년 : 평균 12.96%
   ▶ 1995년 : 평균 13.69%
   ▶ 2000년 : 평균 9.92%
  – 10년간 매월 100만원을 세후 수익률 10%로 투자시 2억 7백만 원, 20년간 투자시 7억7천만 원 마련 가능. (금리가 5% 이하로 내려간 것은 불과 몇 년 전임)

2. 부동산 가격이 오르지 않아서?

  – 서울 및 수도권 주변의 아파트의 경우 4년 전 대비 평균
    3배 상승(2004년 기준) (전국 평균 1.3배 상승)

3. 주식이 오르지 않아서?

 – 99년 10월에 설정한 템플턴그로스 주식신탁 4호의 투자
   수익률 ⇒ 2004년 4월 1일 현재 연평균 54.22% 기록
 – 오르고 내린 것과 상관없이 종합주가지수펀드에 적립식
   으로 투자할 경우 연10% 이상의 투자수익률 실현 가능

4. 저축률이 낮아서?

 – 2000년부터 2002년까지의 평균저축률
   (한국 : 29.3%, 대만 : 27.1%, 홍콩 : 32.1%)
 – 2002년 가구당 연간평균소득은 2,150만 원, 연간저축액은
   645만 원 기록.
 ⇒ 645만 원을 10년간 10%로 투자시 1억1천3백만 원 마련.

★ 나는 왜 돈을 모으지 못했을까?
 ⇒ 종자돈(1억)이 되기 전에 저축한 돈을 사용했기 때문임.

★ 홍길동 FP가 제안하는 재테크 성공방법

  ▶ 종자돈을 모으고(저축)

  ▶ 모은 돈을 굴리고(투자)

  ▶ 근로의 여부에 상관없는 비활성소득 형성

    (임대, 연금, 이자소득 > 월 생활비)

  ▶ 경제적 자유 성취

    (은퇴하고 싶을 때 은퇴할 수 있는 자유)

1. 나의 재테크 지수

본격적인 재테크 논의에 앞서 심심풀이로 자신의 재테크 성향에 대해 알아 보자. 아래의 설문에 체크해 보면 스스로에 대한 평가를 내릴 수 있다.

〈표 : 재테크 지수 체크리스트〉

재테크 지수 Check-List

5 ↔ 1 (매우그렇다 ↔ 전혀 아니다)

NO	진 단 설 문	점 수
1	소득의 30%를 저축에 투자하고 있습니까?	5 4 3 2 1
2	비과세나 세금우대상품에 가입하고 있습니까?	5 4 3 2 1
3	구체적 목돈(seed money) 마련 계획이 있습니까?	5 4 3 2 1
4	장기저축의 효과에 대해 알고 있습니까? (이자에 대한 금융지식)	5 4 3 2 1
5	자신의 투자성향에 대해 알고 있습니까?	5 4 3 2 1
6	자신의 소비성향에 대해 알고 있습니까? (미래확실파, 알뜰살뜰파, 기분파, 하루살이파)	5 4 3 2 1
7	재테크 3대 원칙인 수익성, 안정성, 유동성에 대해 알고 있습니까?	5 4 3 2 1
8	자산 3분법에 대해 알고 있습니까?	5 4 3 2 1
9	금리와 환율에 대해 관심을 갖고 있습니까?	5 4 3 2 1
10	MMF, MMDA, 파생상품(옵션), CD 등에 대해 알고 있습니까?	5 4 3 2 1
	합 계	점

〈표 : 점수별 진단표〉

※ 점수별 재테크 진단표

구 분	유 형	진 단 내 용
35점 이상	재테크 전문가	▶ 재테크에 대한 상식을 충분히 알고 있는 유형 ▶ 계획대로 착실히 진행하면 조만간 부자아빠가 될 수 있음.
35점 ~20점	재테크 입문가	▶ 재테크에 대한 마스터 플랜 없이 단순히 몇 가지 방법에만 투자하고 있는 유형 ▶ 보다 충실한 계획과 지식을 함양하면 전문가가 될 수 있음
20점 미만	재테크 난몰라	▶ 재테크에 대한 개념과 관심도 없는 유형 ▶ 이런 형태로 몇 년이 경과할 경우 땅을 치고 후회할 가능성이 농후함.

〈표 : 나의 투자성향 분석〉

나의 투자성향 분석

NO	진 단 설 문	100% 맞음 (3점)	어느정도 맞음 (2점)	틀림 (1점)
1	내가 가장 중요하게 생각하는 투자원칙은 "수익률"이다. 원금을 어느 정도 까먹어도 상관 없다.			

NO	진 단 설 문	100% 맞음 (3점)	어느정도 맞음 (2점)	틀림 (1점)
2	나는 주식에 투자하는 것이 예금하는 것보다 낫다고 생각한다.			
3	내가 향후 돈을 벌 수 있다면 현재 재테크를 하고 있지 못해도 크게 개의치 않는다.			
4	나는 최종적으로 돈을 더 벌 수 있는 기회, 즉, 높은 투자 수익을 얻을 수 있다면 일시적으로 이익을 볼 수도 손해를 볼 수도 있다는 사실을 받아들인다.			
5	나는 장기간에 걸쳐 최종적으로 높은 수익을 얻는다면 현재의 낮은 수익률을 감수할 수 있다.			
6	나는 돈을 언제든지 인출할 수 있는 상품이라면 수익률은 개의치 않는다.			
7	나는 수익률이 낮은 채권이나 안전한 금융기관의 예금보다는 위험성이 있더라도 높은 수익률의 상품을 선호한다.			
8	펀드매니저 등 전문가가 내 돈을 운용하고 그로 인해 높은 수익을 얻을 수 있다면 현재 수익이 낮더라도 기꺼이 일정금액을 투자할 의향이 있다.			
합 계				점

〈표 : 점수별 진단표〉

※ 나의 투자성향 분석

구 분	유 형	진 단 내 용
8~12점	보수적 성향	당신은 아무리 높은 수익률이 기대되어도 주식에는 투자하지 않습니다. 안전한 은행의 국채, 기타 금융상품에만 투자합니다. 하지만 수익률을 높이기 위해서는 좀 더 공격적일 필요가 있습니다. 주식형 수익증권, 뮤추얼 펀드 등 주식형 상품에 적정 금액을 투자 하는 것도 필요합니다.
13~17점	중도적 성향	당신은 보수적인 성향보다는 좀 더 공격적이며 예금과 주식형 간접상품 등에 골고루 투자합니다. 재테크 포트폴리오 차원에서는 아주 합리적인 스타일입니다.
18~24점	공격적 성향	당신은 높은 수익률을 얻기 위해서라면 기꺼이 위험을 감수하는 성향입니다. 위험 감수 정도가 크므로 더 많은 투자금액을 확보한다거나 하는 것이 위험하다고 판단되며, 오히려 지나친 주식비중을 줄여야만 효과적인 분산투자가 가능합니다.

〈표 : 나의 소비성향 분석〉

나의 소비성향 분석

NO	진 단 설 문	체 크
1	가계부(금전출납부)를 써본 적이 없다.	☐
2	유행은 따라야 하고 유명브랜드 아니면 안 산다.	☐

3	빚을 내서라도 해마다 바캉스와 스키는 즐긴다.	☐
4	연말 소득공제를 어떻게 받는지 모른다.	☐
5	구매계획을 세우지 않고 되는 대로 대충 구입하는 편이다.	☐
6	매달 카드사용대금 결제 때문에 허덕인다.	☐
7	모범택시를 타는 경우가 많다.	☐
8	점심값 또는 술값은 내가 내야 직성이 풀린다.	☐
9	한 번도 적금을 만기까지 가져가 본 적이 없다.	☐
10	노후대비 저축계획을 세워 본 적이 없다.	☐
	합 계	개

〈표 : 점수별 진단표〉

※ 나의 소비성향 분석

구 분	유 형	진 단 내 용
1~2개	미래확실파	나쁘게 말하면 "자린고비"라고도 할 수 있지만 현재의 고통을 감수하는 만큼 언젠가는 꼭 부자가 될 것입니다.
3~4개	알뜰살뜰파	가훈중에 아마 "근검절약"이 꼭 있을 것이라고 추측됩니다. 하지만 나이가 들어서는 근검절약의 효과를 꼭 보리라고 예상됩니다.
5~6개	기분파	분위기와 그때 그때의 기분에 따라 쓰는 스타일입니다. 조금 더 허리띠를 졸라맬 필요가 있습니다.
7개 이상	하루살이파	언제 파산할 지 모르는 스타일입니다. 재테크계획을 세워봤자 소비성향을 따라가기 힘든 경우입니다. 조금 더 자제하시길…

1) 재테크 3대 원칙

① 수익성 : 금융기관별로 수많은 상품이 있고 수익률도 제각각이기 때문에 최소한 일정수준 이상의 수익성을 고려해야 한다.

② 유동성 : 급전이 필요할 때 수시로 찾아 쓸 수 있는 것이 좋다. 대표적으로 부동산의 경우 아무리 수익성이 높더라도 자금이 묶여 있다면 유동성이 떨어지게 된다.

③ 안정성 : 하루아침에 원금을 다 까먹는다면… 재테크에 있어서 꼭 고려해야 하는 사항은 얼마나 안정적으로 자금이 운용되는가 하는 점이며, 지나치게 투기적인 것은 피하는게 좋다. (예:주식 몰빵투자)

〈표 : 금융상품별 비교〉

구 분	수익성	안정성	유동성	비 고
정기예금 및 적금	낮음	높음	낮음	※ 중도해지시 수익률 저하
부동산	높음	보통	낮음	※ 현금화가 어려움
주식	높음	낮음	높음	※ 고위험, 스트레스
펀드	보통	보통	낮음	※ 펀드에 따라 수익률에 차등
채권, 선물	보통	높음	낮음	※ 전문지식 필요

2) 자산 3분법

재테크의 기본원칙은 분산투자(Portfolio)이다. 사회가 점점 복잡해질수록 재테크 또한 수많은 요인들에 의해 결과가 달라지므로 가급적 재테크의 3대원칙인 수익성, 안정성, 유동성을 고려하여, 또한 자신의 투자성향을 감안하여 분산투자를 하는 것이 가장 좋다.

일반적으로 가장 좋은 방법은「자산 3분법」이라는 것인데, 재테크 기간을 장기와 단기로, 투자방법을 직접투자와 간접투자로 각각 구분하여 투자하는 것을 말한다.

자산 3분법이란
① 장기투자 : 장기 비과세저축, 장기국공채 투자 등
② 단기 직접투자 : 주식투자, 선물투자, 부동산 등
③ 단기 간접투자 : 각종 뮤추얼펀드, 신탁, 정기예금
　　　　　　　　　 및 적금 등으로 구분할 수 있다.

결론적으로 재테크는 위의 3등분의 원칙에 의거하여 자신의 투자성향이 보수적인지, 중도적인지, 공격적인지를 감안하여 투자하는 것이 가장 합리적이고 효율적이라고 할 수 있다.

3) 포트폴리오 구성

① 공격적 투자성향(고수익 – 고위험 추구형)

 – 여기에 해당되는 투자자는 주로 젊고 패기가 넘치며 적극적이고, 주가가 빠져도 밤에 잠을 잘 자는 느긋함을 갖춘 사람이다. 또 투자에 대해 어느 정도 전문적인 지식을 갖추고 금융환경의 변화에 대해서도 잘 적응하는 장점이 있다.

 이러한 유형에는 부동산, 주식, 전환사채, 외국수익증권, 주가지수 선물 및 옵션, 골프회원권 등이 좋은 투자 수단이 될 수 있다. 포트폴리오 구성은 주거용 주택을 제외한 자산 중 70% 정도를 이들 상품에 투자하고, 나머지 30% 정도는 정기예금, 신탁상품, MMF 등과 같은 금융상품에 투자하여 환금성을 유지하는 게 좋다.

② 중도적 투자성향(중수익 – 중위험 추구형)

 – 여기에 해당되는 투자자는 어느정도 수익도 추구하면서 약간의 위험도 감내하는 투자자를 말한다.

 이들에게 어울리는 투자상품은 최저수익이 보장되면서 어느 정도 투자수익이 기대되는 전환사채, 공모주투자, 코스닥입찰투자, 그리고 은행의 실적배당형 금융상

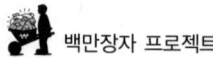

품 등이 좋다.

③ 보수적 투자성향(저수익 – 저위험 추구형)
– 여기에 해당되는 투자자는 퇴직금 이자로 생활해 나
가는 노인들이거나 손실을 방지하면 돈을 벌게 될 것이
란 신념을 가진 분들이다. 이런 분들은 급변하는 금융
시장을 따라잡을 만큼 순발력이 부족하고, 손해를 입을
경우 이를 극복할 시간적 여유가 없기 때문에 투자자산
의 안정성이 무엇보다 중요하다.
　따라서 환금성과 안정성을 두루 갖춘 은행의 예·적
금, 확정부 이자형 상품이나 은행신탁, 투신사의 공·
사채형 상품이 좋다. 아울러 금융기관을 고를 때에도
안정성을 체크해서 부실채권이 없고 안전한 금융기관
을 선택하는 것이 필요하고, 미래의 위험 관리 차원에
서 보험형 저축상품도 좋다.

4) 재테크, 티끌 모아 태산된다
　누구에게나 필요한 재테크 중, 알아 두면 소소하게 도
움이 되는 내용들 위주로 정리해 보았다. 티끌 모아 태산
이라는 말처럼 사소한 것 하나도 일일이 챙기다 보면 어

느 새 부자가 되어 있는 자신을 발견할 수 있을 것이다.

① 연말정산을 챙겨라

▶ 보장성 보험료는 年 100만 원까지 소득공제를 받을 수 있다.(자동차보험료 포함)

▶ 세제적격연금은 年 300만 원까지 소득공제를 받을 수 있다.(은행 및 보험회사 취급, 퇴직연금 포함)

▶ 장기주택마련저축은 월 불입액의 40% 한도내에서 年 300만 원까지 소득공제를 받을 수 있다.(최대 월 625,000원까지 소득공제)

▶ 모든 종류의 의료기관에 지급한 돈은 용도에 상관없이 의료비 공제를 받을 수 있다.

▶ 미취학 아동의 웬만한 교육비도 소득공제 대상이다.

▶ 신용카드 보다는 직불카드가 공제혜택이 더 많다.

▶ 혼인, 장례비, 이사비도 소득공제를 받을 수 있다.(사유당 100만 원 한도)

이상으로 연말정산의 핵심적인 내용만 요약했는데 참고로 자영업자는 연말정산의 혜택이 거의 없지만 유일하게 세제적격연금은 공제받을 수 있다. 따라서 자영업을

하는 분들은 반드시 가입해야 하는 것을 잊지 말자.(월 25만 원, 년 300만 원까지 소득 공제)

② 절세는 기본이다(2010년 기준)

▶ 세금우대상품 : 각 금융기관을 통털어 성인은 1천만 원까지 그리고 노인(남자 만 60세 이상, 여자 만 55세 이상)과 장애인, 국가유공자는 3천만 원까지 가입이 가능하다.(이자소득세 9.5% 적용)

▶ 저율과세상품 : 농·수협 단위조합, 신용협동조합, 새마을금고 예탁금은 농특세 1.4%만 과세, 가입금액은 1인당 2천만 원까지이며 예금자 보호한도가 5천만 원이기 때문에 해당 금융기관의 신뢰도를 점검하는 것이 필수적이다.

▶ 비과세상품 : 만 60세 이상 노인과 장애인, 국가유공자, 소년소녀가장 등이 가입할 수 있는 생계형 비과세저축은 1인당 3천만 원까지 전액 비과세되며, 무주택자의 경우는 장기주택마련저축도 비과세혜택을 받는다. 세제비적격연금(장기 연금펀드)도 10년경과 시 전액 비과세혜택이 있다.

③ 샐러리맨이라면 CMA를 놓치지 말자

2006년 들어 선풍적 인기를 모으고 있는 상품이 CMA(Cash Management Account, 어음관리계좌)이다. CMA는 주로 종합금융회사나 증권회사에서 운용하고 있는데 인터넷 뱅킹처럼 자유 입출금이 가능하며 요즘엔 웬만한 공과금도 자동 이체할 수 있다. 은행의 보통예금 수익률이 年 0.1% ~ 0.2% 수준인데 비해 CMA는 매일 MMF에 투자되기 때문에 연 3% 내외의 수익률을 보장해 준다. 무려 은행의 수십 배 이상의 수익률이다. 이런 장점이 있으므로 보통예금의 잔고가 일정액 이상 있는 사람들은 CMA를 활용하는 것이 많은 도움이 된다.

장기 연금펀드 중 변액유니버셜보험의 경우도 이와 유사한 컨셉이다. 유니버셜 기능이란 수시 입출금이 가능하다는 뜻인데 자동이체 서비스는 제공되지 않지만 여유자금을 중장기로 계속 운용하면 '백만장자 프로젝트'의 효과에 힘입어 CMA의 몇 배 이상의 수익률을 올릴 수 있다. 여기에 보험회사의 상품이다 보니 쉽게 꺼내 쓰기 힘들기 때문에 효율적으로 목돈을 만들어 갈 수 있는 장점도 있다.

④ 기타 금융권을 놓치지 말자

▶ 5천만 원 미만의 저축을 계획한다면 일반 은행보다 상호저축은행의 금리가 더 높다. 제 2 금융권이기 때문인데 예금자 보호 한도에서 활용한다면 보다 높은 수익을 얻을 수 있고, 세금우대상품도 동일하게 적용받을 수 있다.

▶ 우체국은 정부에서 지급을 보장하는 유일한 금융기관이다. 따라서 편안하고 안심하게 이용할 수 있으며 잘 살펴보면 꽤 괜찮은 저축상품이 많다. 세금우대혜택도 동일하게 적용된다.

▶ 나이가 많거나 보수적 투자성향을 보유한 분들은 ELD(주가연계예금)을 주목해 보자. ELD는 일정 수준의 금리를 보장해 주되 예금기간 중에 주가가 오르면 추가 수익을 지급해 준다. 주식 투자가 부담스러운 단기 자금은 일반 예금보다 ELD가 유리하다.

지금까지 재테크의 일반적 내용과 기초지식에 대해 알아보았다. 앞서 언급한 방법들은 티끌 모아 태산이 되는 방법들이다.

그런데 이런 방법은 사실 재테크에 조금은 도움이 되지만 부자가 되는 데는 성이 차지 않는다. 그렇다면 부자가 되는 재테크의 핵심은 무엇일까? 재테크의 필승전략은 밥 한 술에 배가 부를 수 없듯이 중장기 계획을 세우고 차근차근 진행하는 것이다. 인생이라는 바다를 항해하다 보면 비가 올 수도 있고, 태풍이 칠 수도 있다. 단기적 시각의 재테크는 멀리 보기 힘들다. 장기계획에 입각해서 꾸준하게 재테크를 진행하다 보면 비가 와도 태풍이 몰아 쳐도 안전하게 목적지에 도달할 수 있을 것이다.

2. 소득수준에 따른 재테크 방법

지금부터 현실 재테크로 한 발 더 들어가 보자. 현재 대한민국에는 수 천 가지의 금융상품이 있지만 대다수 일반인들에게 필요한 것은 10가지 내외다. 필자도 웬만한 투자는 많이 해보았지만 아직까지 선박펀드나 부동산 펀드, 금펀드, 달러예금, 옵션 같은 파생상품, 해외펀드 등에 가입해 본 적이 없다.

이런 수 천 가지의 금융상품 중 상당수는 자산가들을 위한 상품이라고 보면 된다. 물론 일반인들도 가입할 수는 있지만 이런 금융상품에 투자하기에는 보유하고 있는 자산이 너무 적다.

일반인들은 투자에 있어 10가지 내외의 상품에만 집중하면 된다. 은행의 저축상품, 증권의 펀드, 보험의 보장성보험과 장기 연금펀드, 여기에 연말정산에 도움이 되는 상품들과 CMA, ELD, 상호저축은행의 예·적금 상품 정도만 알면 충분하다. 정보화 시대를 살고 있다는 이유로 남보다 못하면 어떻게 하나 하는 걱정은 접어 둬도 된다. 남들도 먹고 살기 바쁘기는 매 한가지기 때문에 내가 할 수 있는 재테크에 집중하는 것이 가장 좋다.

다만 한 가지 고려할 사항은 혼자서는 결코 성공할 수 없다는 점이다. 사람은 소비의 동물이고, 유혹의 동물이며, 감정의 동물이고, 미래보다는 추억을 먹고 사는 동물이기 때문이다.

요즘은 금융환경이 통합되면서 은행, 증권, 보험회사에 능력 있는 수많은 FP(Financial Planner)가 근무하고 있다. 전문가와 상의해서 계획을 수립하고 전문가가 계속 관리해 주어야만 어렵게 시작한 중장기 재테크가 성공할 수 있다. 여기에 '백만장자 프로젝트'의 효과를 충분히 낼 수 있고 고객이 원하는 시간과 장소에 직접 방문하는 생명보험회사의 FP를 선택하는 것이 더 도움이 될 것이라고 조언해 주고 싶다. 은행과 증권은 번호표를 뽑고 기다려야 되기 때문이다.

이번 장에서는 소득의 상,중,하로 나누어 가장 기본적인 재테크에 대해 이야기하고자 한다. 재테크를 하는 순서는 먼저 목표를 정하고 목표에 맞는 기간이 정해지면 그에 맞는 상품을 선택해서 시작하는 것이 가장 합리적이다. 개인별로 목표가 다 틀리지만 결국 자신의 소득수준에 맞는 목표를 설정하는 것이 가장 좋을 것이다. 그래서 재테크의 단계는 소득수준이 낮은 단계부터 보험설계 단계, 재무관리 단계, 재무설계 단계, 자산관리 단계의 4 가지로 나눌 수 있다.

그럼 지금부터 각 단계별로 어떤 소득수준의 사람들이 해당되는지 살펴보고 개략적인 내용을 검토해 보자.

1) 재테크 초보 – 보험설계 단계, 첫 단추를 잘 꿰야

보험설계 단계는 자신의 삶의 질이 하위권이라고 생각하는 분들이 꼭 검토해야 하는 재테크 단계다. 자본주의 사회는 조선시대와 비슷한 면이 있어서 로또에 당첨되지 않는 이상은 갑작스런 신분상승이 매우 어렵다. 열심히 일해도 먹고 살기 힘들다고 느끼는 분들은 보험설계 단계라도 잘 해 둬야 앞으로 인생의 Risk를 관리할 수 있다.

보험설계 단계는 사실 누구에게나 꼭 필요한 필수단계이다. 재테크의 핵심은 증식과 보전이기 때문이다. 흔히 재테크를 논할 때 보유하고 있는 자산을 늘리는 것만 고민하는데 사실 '증식'에 못지 않게 중요한 것이 바로 '보전'이다. 은행에는 VIP들을 위해 제공하는 PB(Private Banking)서비스가 있는데 최근 들어 문턱이 낮아지긴 했지만 얼마 전까지만 해도 'PB 서비스'를 받으려면 금융자산이 최소 10억 원 이상을 보유해야만 가능했다. 그렇다면 10억 원 이상을 PB에게 맡기는 자산가들이 PB들에게 '내 자산을 1년에 이만큼씩 불려 주시오'라는 요구수익률이 있는데 얼마나 될까?

경우에 따라 다르겠지만 대부분의 경우 세후수익률 5% 내외라고 한다. 은행금리보다 높고 인플레이션 정도만 커버할 수 있으면 족하다는 뜻이다. 즉, 돈이 많아질수록 수익률보다는 내 자산을 까먹지 않고 지키는 것이 중요하다는 의미인데, 'High Risk, High Return'의 법칙을 증명해 주는 좋은 사례라고 할 수 있다.

그런데 사실 '보전'은 일부 자산가보다 일반인들에게 더욱 중요하다. 자산가들이야 경제적 능력이 끊어지는 리스크가 발생해도 얼마든지 먹고 살 수 있지만 95% 대다수 일반인들은 그런 리스크가 생기면 본인 뿐 만 아니라 주변의 가족들에게까지 치명타를 안기게 된다.

그런 차원에서 95%의 일반인들이 '보전'의 수단으로 선택할 수 있는 가장 좋은 상품이 바로 '보험'이다. 보험은 평소 저렴한 보험료를 내다가 리스크가 발생하면 큰 보장을 받을 수 있기 때문이다.

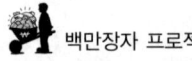

보험회사간의 경쟁이 치열해 지면서 좋은 보험상품들이 많이 개발되고 있는데 필자가 권해 주고 싶은 것은 변액 보장성보험이다. 변액 보장성보험은 보장혜택은 기존의 보험들과 동일하게 적용되면서 해약환급금을 주식과 채권에 투자하기 때문에 중장기적으로 보면 '백만장자 프로젝트'의 효과를 가져올 수 있기 때문이다.

변액 보장성보험에는 대표적으로 변액유니버셜 종신보험과 변액 CI보험이 있는데 변액유니버셜 종신보험은 사망보험금이 필요한 가장들에게 적합하고 변액 CI보험은 여성이나 공무원, 가족력이 있는 사람에게 적합하다. 이러한 보험들은 노후기에 노후자금으로 활용해도 보장특약들은 최소 80세 이상 보장되기 때문에 기존의 보험 가입자들은 '백만장자 프로젝트'의 기대효과를 감안해서 전환을 검토하는 것도 권해 주고 싶다. 노후기에 쓸 노후자금 준비가 여의치 않은 분들은 이 방법을 적극 검토해 보기 바란다.

보험설계 단계의 핵심은 활동기의 Risk관리와 노후자금 마련 계획이다. 활동기의 Risk는 변액 보장성보험으로 해결하면 되고 노후자금 마련은 백만장자 프로젝트를 적극 활용하면 된다. 먹고 살기 힘들어도 매월 소액씩 20년 이상 투자하면 노후기의 절대 빈곤에서 벗어날 수 있다. 보험설계 단계가 필요한 분들은 술 한 잔 먹지 않는다고 생각하고 의무적으로 20~30만 원 정도 가입할 필요가 있다. 특히 직장인들은 퇴직연금이라도 기대할 수 있지만 수많은 자영업자들은 스스로 해결해야 하기 때문에 반드시 준비해야 한다.

2) 재테크 중수 - 재무관리 단계

재무관리 단계는 자신의 삶의 질이 중산층 정도 된다고 생각하는 분들에게 적합한 단계이다. 매월 저축여력이 50만 원~200만 원 정도 되는 분들인데 이런 분들은 재테크의 '증식'보다는 미래의 지출을 준비하는 쪽으로 포커스를 맞출 필요가 있다. 현재의 경제적 여력으로 단시일 내에 자산가의 반열에 올라서기는 힘들기 때문이다. 그래서 향후의 지출에 대한 준비에 집중하되 일정액의 투자용 자금을 모아 중장기적으로 신분 상승을 꾀하는 것이 바람직하다.

그런데 이 단계의 투자자들이 재무관리 단계에서 특히 주의할 점은 가급적 단기저축은 피하라는 것이다. 이 정도 금액으로 3년 미만의 단기 저축을 하면 소액의 목돈만 모을 수 있기 때문에 만기 시에 흐지부지 부서질 가능성이 높기 때문이다. 한 때 '부자가 되려면 은행을 떠나라'라는 책이 베스트셀러가 된 적이 있는데 이 책에서도 그런 위험성을 경고하고 있다.

재무관리 단계는 앞으로 인생의 필수지출항목에 대해 어느 정도의 자금이 필요한지 계산해 보고 필요한 시기에 필요한 자금을 원활하게 조달하는데 포커스가 맞추어져 있다. 당연히 보험설계 단계를 포함하고 있으며 어떻게 하면 '돈' 문제로부터 해방될 수 있는지 고민해서 준비하는 과정이다. 대다수 국민들이 이 단계에 속하는 만큼 세부적인 내용에 대해서는 '4장 개인별 맞춤형 재무계획'을 참조하기 바란다.

3) 재테크 고수 - 재무설계 단계

재무설계 단계는 자신의 삶의 질이 상위권 정도 된다고 생각하는 분들에게 적합한 단계이다. 저축여력으로 분류하면 매월 200만 원 이상 저축이 가능한 분들인데 이런 분들은 수입이 받쳐 주는 관계로 눈높이도 높을 수밖에 없다. 따라서 재테크의 초점도 남보다 빨리 자산가의 단계로 진입하는 쪽에 맞추어져 있는데 소득이 높은 만큼 설계도 다양하게 고민해야 한다.

주요내용으로는 먼저 자신의 지출 분석을 통하여 효율적 지출관리 모델을 제안하고, 금융자산설계, 위험설계, 투자설계, 은퇴설계의 순으로 Life Plan을 수립한다.

수입이 받쳐 주고 눈높이도 높은 만큼 다양한 금융상품과 부동산, 파생상품 등도 검토할 필요가 있는데 이런 계층에게 가장 필요한 것은 자산가의 반열에 올라서기 위한 '재투자용 목돈' 마련이라고 할 수 있다. '백만장자 프로젝트'가 필수적임은 물론이다.

4) 재테크 영웅 - 자산관리 단계

자산관리 단계는 상위 5% 안에 들어가는 고소득자와 자산가들에게 적합한 단계이다. 자산관리 단계의 핵심은 세금설계와 상속 및 증여 설계이다. 물론 일부 재무설계 단계도 포함된다. 이 정도 수준의 자산가는 이미 주변에 많은 전문가들을 키우고 있기 때문에 군이 FP의 서비스를 받지 않아도 되나 세금설계의 핵심은 비과세상품이기 때문에 생명보험의 비적격연금을 필요로 하고, 또한 상속 및 증여의 경우도 보험회사 상품이 유리한 점이 많기 때문에 실제로는 많은 자산가들이 전문가의 상담을 받고 있다.

아울러 부자는 점점 더 부자가 되고 싶어하기 때문에 '백만장자 프로젝트'를 통해 본인은 물론 자녀와 손자, 손녀들에게까지 부자 가문을 남겨 주는 방법에 대해 검토할 필요가 있다.

지금까지 재테크의 단계별로 개략적인 내용을 살펴보았는데 보다 구체적이고 실질적인 내용까지 들어가지 않은 이유는 사람마다 목표가 다르고 소득수준이 상이하기 때문이다. 재테크는 '맞춤식 양복'처럼 그 사람의 성향과 재무여건에 맞추어 계획을 세우고 실행에 옮겨야 하는데 실전의 재테크를 일일이 설명하자면 그 것만으로도 이 책의 서너 권 분량은 족히 되기 때문이다. 따라서 필자가 강조하고 싶은 것은 전문가와 상의하라는 것이다.

현재 대한민국의 우수인력은 금융업계에 모여 있다고 해도 과언이 아니다. 은행, 증권, 보험이 통합되면서 무한경쟁의 시대에 돌입하고 있기 때문에 조금만 노력하면 괜찮은 FP를 찾아낼 수 있다.

필자는 독자 여러분만 원하신다면 소개시켜 드릴 용의

도 있다. 중요한 것은 최대한 빨리 시작하는 것이다. '백만장자 프로젝트'는 엄청난 복리효과를 노리는 계획이므로 한 달이라도 빨리 시작해야만 나중에 기하급수적인 수익을 창출할 수 있기 때문이다.

3. 재테크 시작하기

이제 재테크 컨셉에 대해 이야기해 보자. 서점에 가 보면 '몇 백만 원으로 십억 만들기', '평범한 사람이 이렇게 해서 부자가 됐다'는 유형의 책들이 많이 있는데 재무관리 전문가로서 다소 황당한 느낌이 드는 책들이다. 재테크에 있어서 가장 경계해야 하는 부분이 바로 'High Risk, High Return'인데 수익성이 높을수록 위험성이 커지기 때문이다.

'돌다리도 두들겨 보고 건너라'는 속담처럼 재테크는 안정성이 매우 중요하다. 각고의 노력 끝에 1억을 만들어 투자를 했는데 다 날리게 된다면 기분이 어떨까. 몇날 며칠 잠을 못 이룰 것이다. 안정성을 중요하게 여기는 현상은 부자가 될수록 심해지는데 부자들은 단돈 만원을 아끼기 위해 수고를 마다하지 않는다. 그래서 이번 장에서는 극소수 운 좋은 사람들의 사례가 아니라 누구나 노력해서 할 수 있는 '삶의 질 업그레이드 프로젝트'에 대해 이야기하고자 한다.

본론에 들어가기 앞서 중요한 두 가지 포인트가 있다.

첫째는 무조건적 소비 억제는 오래 가지 못한다는 것이다. 자녀가 두 명 있는 가정에 만약 100만 원으로 한 달을 살라고 하면 얼마나 버틸 수 있을까. 먹을 거 안 먹고, 쓸 거 안 쓰고, 놀 거 안 노는 고통은 상상만 해 봐도 쉽게 수긍이 갈 것이다. 그래서 재테크를 시작하는 시점에서는 최소한의 삶의 질을 유지하면서 투입할 수 있는 금액을 산출하는 것이 중요하다. 월수입이 200만 원인 사람이 150만 원씩 저축할 수는 있지만 극심한 정신적 고통이 오기 때문에 애써 수립한 재테크 계획이 오래가지 못할 것이기 때문이다.

둘째는 돈에 의미를 담자는 것이다. 똑 같은 돈인데 느끼기에 따라 그 가치는 천차만별이다. 고스톱을 쳐서 딴 돈 30만원과 한 달 내내 야근을 해서 받은 야근수당 30만 원은 모양과 금액은 똑 같지만 돈을 대하는 심정은 하늘과 땅 차이다. 고스톱 쳐서 딴 돈은 술 한 잔으로 쉽게 써 버릴 수 있지만 한 달 내내 야근한 돈은 쓰기 아까워 발을 동동 구르게 된다.

따라서 중장기적 재테크 계획이 성공하기 위해서는 필수적으로 중장기 저축을 해야 한다는 계산이 나온다. 1~2년 만에 모은 돈은 들어간 노력이 적기 때문에 별다

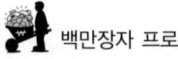

른 고민없이 쓰게 되지만 5년 이상 모은 돈은 그 동안의 정성이 아깝기 때문에 쉽게 쓰기 힘들다. 또한 이런 정성이 들어 있는 돈으로 투자를 한다면 그만큼 신중하게 할 것이다.

이런 두 가지 기본 컨셉을 바탕으로 누구나 노력하면 부자가 될 수 있는, 아니 적어도 현재의 삶의 질을 업그레이드 할 수 있는 재테크 플랜을 제안하고자 한다.

1) 부자가 되자

부자가 되는 것이 낙타가 바늘 구멍에 들어가는 것보다 어렵다는 말이 있다. 대한민국에는 5%의 부자와 95%의 일반인이 있다고 한다. 보통 부자의 기준은 부동산 20억 원에 금융자산 10억 원, 합쳐서 30억 원 이상의 자산을 보유한 사람들을 말한다. 이것이 과연 쉬운 일일까?

평범한 사람이 어떻게 해야만 부자의 반열에 올라설 수 있을까. 필자가 보기엔 그 해답을 '부자 아빠, 가난한 아빠'의 저자 로버트 기요사키가 제시하고 있다고 생각한다. 이 책을 보면 부자가 되는 3단계를 제시하는데

1단계, 투자용 종자돈을 모으고,

2단계, 종자돈의 재투자를 통해 자산을 확대하며,

3단계, 자신의 지출보다 많은 비활성소득을 창출하는 것으로 요약할 수 있다.

비활성소득이란 일을 하건 안 하건 나오는 소득을 의미하는데 대표적으로 임대소득, 연금소득, 인세 등을 말한다. 예를 들어 상가에 투자해서 매월 300만 원씩 입금된다면 삶의 질이 달라질 것이다.

이렇게 매월 들어오는 비활성소득이 자신의 지출을 초과하는 수준부터 '부자'라고 표현하는데 이런 수준이 되면 일하고 싶으면 하고, 하기 싫으면 안 할 수 있는 '경제적 자유(Economic Freedom)'를 성취할 수 있는 것이다. 대한민국 부자들은 대부분 이런 비활성소득원을 갖고 있는데 최근의 트렌드는 리스크가 많은 부동산 수입보다는 안정적이며 평생 수령 가능한, 그리고 세금으로부터도 자유로운 연금소득으로 많이 옮겨가고 있는 추세다.

부자가 된다는 것은 결국 3단계에 도달하는 것을 의미하는데 로또에 당첨되는 것을 제외하고는 1단계에서 바로 3단계로 직행하는 방법은 없다. 반드시 2단계를 거칠수 밖에 없는데 2단계에서 명확하게 정의해야 하는 것이 바로 '투자'와 '투기'의 차이다.

예를 들어 3억 원짜리 아파트가 오를 것으로 생각하고 2억 원의 대출을 일으켜 매입을 했는데 몇 년이 지나도록 아파트는 오르지 않고 대출이자만 계속 올라간다면 어떻게 될까? 전전긍긍하며 잠을 못 이룰 것이다. 이런 재테크는 투자일까 아니면 투기일까. '작전주'의 소문을 듣고 1억 원의 대출을 받아 투자했는데 현재 시점 평가액이 3천만 원이라면 투자일까. 투기일까.

실제로 많은 사람들이 투기를 투자로 착각하고는 한다. 투자라는 단어의 정의는 '내가 투입한 돈이 제로가 되더라도 내 생활에는 큰 지장이 없는 돈을 굴리는 것'을 말한다. 이런 경우만 투자라고 할 수 있고 나머지는 투기에 가깝다. 어차피 부동산이든 주식이든 제대로만 샀다면 언젠가는 오르기 마련인데 단기적 차익을 노리고 무리해서 투기를 하다 보니까 갑작스런 환경변화에 전전긍긍하게 되는 것이다.

따라서 필자가 제안하고 싶은 것은 부자의 2단계를 성공적으로 진입하려면 투기자금이 아니라 최소 5년 이상의 정성이 들어간 '투자자금'을 만들어야만 가능하다는 것이다. 이렇게 정성이 들어간 투자자금이어야만 투자를 할 때도 즉흥적으로 투자하지 않고 신중하게 투자할 수 있기 때문이다.

그렇다면 자연스럽게 남는 문제는 1단계를 어떻게 하느냐는 것인데, 우리나라에서 종자돈의 최소 규모는 얼마일까? 필자가 보기엔 적어도 1억 원은 되어야 한다. 1억은 있어야 부동산 투자를 하든 펀드에 투자하든 포트폴리오를 구성할 수 있다. 1억 원 미만도 투자할 수는 있지만 '규모의 경제' 효과를 발휘하기 어렵기 때문에 돈이 불어나는 속도가 느리다. 그러다 보면 갑작스럽게 돈이 필요한 경우가 생길 때 흐지부지 부서질 가능성이 높다. 명심하자. 최소 1억은 모아야 부자의 2단계로 진입할 수 있다는 사실을.

그럼 본격적으로 투자용 종자돈 마련 저축에 대해 알아보자. 저축에는 크게 '돈을 쓸 수 밖에 없는 저축' 과 '돈을 모을 수 밖에 없는 저축' 의 두 가지가 있는데 '돈을 쓸 수 밖에 없는 저축' 이 바로 제 1 금융권인 은행의 저축이다.

'돈을 쓸 수 밖에 없는 저축' 의 특징으로는

첫째, 기간이 짧다. 은행에는 최장 5년까지 저축을 할 수 있는데, 실제로는 2년 혹은 3년 단위 저축이 대부분

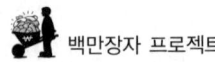

이다. 이렇게 모으는 기간이 짧다 보니 매월 50만 원씩 저축하는 경우 요즘 같은 저금리시대에서는 이자가 거의 없다시피 하니까 2년을 해도 원금 기준으로 1,200만 원밖에 안 되고, 3년을 해도 1,800만 원 정도 밖에 모을 수 없다. 만약 100만 원씩 저축을 한다면 2년 후 2,400만 원, 3년 후 3,600만 원 정도 되는데 이 정도의 자금으로 재투자를 할 수 있느냐는 것이다. 부동산 투자도 힘들고 펀드에 투자하려 해도 최소 5천만 원 정도는 되어야 포트폴리오 구성이 가능하기 때문이다. 이렇게 짧은 저축만 하다 보니 저축은 많이 하는 것 같은데 모아 둔 돈은 별로 없는 '빈곤의 악순환'이 생기게 되는 것이다.

둘째, 만기가 있다. 만기가 있다는 말은 딱 만기까지만 약정된 이자를 지급한다는 뜻인데, 은행에서는 만기까지만 약정된 이자를 지급하고 그 이후로는 바로 보통예금으로 처리한다. 보통예금의 이자는 연 0.1~0.2% 정도인데 이 말은 이자가 거의 없다는 뜻이다. 그래서 고객이 직접 달력에 만기일자를 빨간 색으로 칠해서 반드시 찾아야만 손해를 덜 보게 된다.

그런데 만기가 된 저축을 찾아서 손에 쥐게 되면 머피

의 법칙처럼 반드시 쓸 일이 생기게 된다. 갑자기 핸드폰이 고장나거나 새로 나온 노트북을 사거나 아니면 해외여행을 가는 등 쓸 일은 주변에 널려 있다. 특히 남자들의 경우는 2~3천만 원 정도면 '차'를 바꾸기 딱 좋은 금액이기 때문에 사고(?)를 저지르는 경우도 많다.

이런 식으로 한 6개월 정도 지나면 저축을 해서 찾은 돈이 어디로 갔는지 온데 간데 없이 사라지게 된다. 그리고는 다시 저축을 시작하는 것이다. 이처럼 만기가 있다는 것은 돈을 반드시 찾아야만 하기 때문에 종자돈을 모으기는 커녕 중간에 계속 찾아서 써버리는 악순환을 불러일으킬 가능성이 높다.

※ '지갑두께의 효과'

수중에 돈이 생기면 반드시 쓸 일이 생긴다는 것을 '지갑두께의 효과'라고 한다. 이 글을 읽는 독자의 지갑에 100만 원이 있다고 가정해 보자. 오늘이 만약 결혼기념일이라면 부인과 함께 10만 원짜리 저녁식사를 할 수 있을까? 지갑에 100만 원이나 있으니까 아마 부담없이 할 수 있을 것이다. 하지만 지갑에 10만 원 밖에 없다고 한다면 어떨까? 아마 그 돈을 다 쓰기는 부담스러울 것이다.

이처럼 내 수중에 지갑이든 통장이든 여윳돈이 있으면 사람은 본능적으로 소비성향의 동물이기 때문에 돈을 쓰지 못해 안달하게 된다. 그래서 만기가 있는 저축은 미래를 위해 재투자를 하기 보다는 돈을 써버릴 확률이 높다는 것이다. 어렵게 저축을 해서 자동차를 구입한 필자후배의 사례처럼…

셋째, 세금이 있다. 2006년 현재 이자소득세는 15.4% (주민세 1.4% 포함)이다. 이자가 100만 원이면 154,000원의 세금을 내면 되지만 이자가 1억 원이면 무려 15,400,000원의 세금을 내야 한다는 뜻이다. 부자들이 가장 싫어하는 것이 바로 이 세금인데, 만약 세금을 내지 않고 그 금액만큼 재투자를 할 수 있다면 내 자산을 불려 나가는데 많은 도움이 될 것이다.

현재 은행권에서는 장기주택마련저축을 제외하고는 비과세상품은 거의 없고, 기껏해야 세금우대저축 정도만 활용할 수 있을 뿐이다. 적립식 펀드의 경우도 100% 주식에 바로 투입되는 것이 아니기 때문에 유동자산 분에 대해서는 과세를 한다. 만약 똑같은 저축을 한다면 세금이 없는 비과세저축이 여러모로 더 유리할 것이다.

넷째, 정기예금으로 자동 전환이 안 된다. 만약 은행 저축상품에 3년 만기 후 자동으로 비슷한 금리를 지급하는 정기예금 상품으로 전환되는 저축상품이 있다면 어떨까? 굳이 저축을 찾지 않아도 되기 때문에 돈이 부서질 염려가 없을 것이다. 하지만 그런 상품이 없기 때문에 만기가 되면 일일이 은행을 방문해서 직접 정기예금으로 옮겨야 하는데 그런 과정에서 앞서 언급한 것처럼 돈을 써버리기 쉽다는 것이다.

다섯째, 비활성소득으로 전환이 안 된다. 일반적으로 소득에는 근로(사업)소득, 투자소득, 임대소득의 3가지가 있는데, 부자들이 가장 좋아하는 소득은 무엇일까? 정답은 임대소득이다. 임대소득은 이 달에 다 써버려도 다음달에 또 나오고 건물을 팔지 않는 이상 지속적인 월수입이 보장되는 장점이 있다. 하지만 임대소득은 부동산 경기에 민감하기 때문에 임대소득이 들쑥날쑥 하는 단점이 있고, 각종 세금이 있으며 부동산 수수료 등의 경비문제와 시간이 갈수록 노후화되는 감가상각의 단점이 있다. 그래서 최근에는 많은 자산가들이 이렇게 귀찮은 임대소득보다는 아무 신경 안 써도 되는 연금소득을 선호

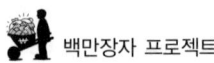

하고 있다. 연금소득은 일단 개시하면 죽을 때까지 편안하게 매월 받을 수 있는 장점이 있기 때문이다.

저축을 계속 해 왔는데 특별히 쓸 일이 없다면, 바로 이런 연금소득으로 전환이 가능하다면 도움이 될 텐데 은행 저축은 이런 기능이 없기 때문에 찾게 되고 찾으면 쓸 수 밖 에 없다는 것이다.

다시 한 번 요약해 보면

'돈을 쓸 수 밖에 없는 저축'의 특징은 첫째, 기간이 짧아서 종자돈을 모으기 힘들고 둘째, 만기가 있어서 반드시 찾아야 하다 보니까 흐지부지 써버리는 경우가 많고 셋째, 이자소득세를 내야 하며 넷째, 정기예금으로 자동 전환이 안 되고 다섯째, 연금소득 같은 비활성소득으로 전환이 안 된다는 것이다.

이에 반해 '돈을 모을 수밖에 없는 저축'은 지금까지의 내용을 거꾸로 하면 된다. 첫째, 최소 저축기간이 5년 이상이기 때문에 적은 금액으로도 종자돈을 만들 수 있고 둘째, 만기가 없어서 원하는 만큼 계속 저축을 할 수 있으며 셋째, 저축기간이 10년을 경과하면 이자소득세가 전액 비과세되며 넷째, 5년 혹은 7년 경과 후 저축을 중단할 경우 똑같은 수익률의 정기예금으로 자동 전환이 되며 다섯째, 쓰다가 남은 돈에 대해서는 45세부터 매월 연금소득으로 죽을 때까지 받을 수 있다.

이 글을 읽는 독자는 '돈을 모을 수밖에 없는 저축'을 할 것인가 아니면 '돈을 쓸 수밖에 없는 저축'을 할 것인가를 판단해야 한다. 판단은 독자의 몫이다.

아울러 종자돈 마련 저축에 백만장자 프로젝트의 효과를 충분히 활용한다면 저축여력이 100만 원 정도만 돼도 누구나 다 부자의 반열에 올라설 수 있다. 1억 원을 최대한 빨리 모아서 투자를 하고, 투자한 돈을 굴리면서 또 1억을 최대한 빨리 만들어서 투자하고, 이 과정을 서너 번 만 반복하면 부자의 2단계에서 3단계로 진입할 수 있다. 돈이 돈을 낳고 자산이 자산을 불리는 기쁨을 평범한 사람도 노력에 의해 누릴 수 있는 것이다.

※ 참고자료

종자돈(Seed Money) 마련저축 비교

Ⅰ. 저축의 유형

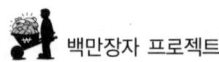

- 단기저축 : 은행 등 제1금융권의 5년 이하 저축
- 장기저축 : 보험회사 등 제2금융권의 5년 이상 저축

II. 부자의 과정 : 저축을 통한 종자돈 마련 ⇒ 투자 ⇒
비활성소득 창출 ⇒ 부자
(근로소득 ⇒ 투자소득 ⇒ 비활성(연금,임대)소득)

III. 종자돈 마련 저축 비교

구 분	돈을 쓰기 좋은 저축 (제1금융권)	돈을 모으기 좋은 저축 (제2금융권)	비 고
저축 기간	짧음 (1년,3년,5년)	5년 이상	※ 종자돈의 최소 규모 (1억원)
만기의 유무	有	無	※ 만기도래시 이자 0.1~0.2% ※ 새로운 저축 시작 (이자효과의 단절)
이자 소득세	有(이자 1천만원당 세금 154만원 납부)	無	※ 저금리시대는 비과세가 재테크의 핵심 포인트
예금으로 전환 여부	불가능	가능	※ 예금과 적금 금리차 : 평균 1% ※ 만기시 일일이 예금으로 전환해야 함
연금소득 전환 여부	불가능	가능	※ 비활성소득 증대

① 부자되는 저축은 이것이 다르다

- 저축 기간을 충분히 확보하여 종자돈의 규모를 최소
  1억 원 이상 확보
- 만기를 설정하지 않고, 지속적 저축 또는 필요한 시기
  에 재투자
- 비과세혜택을 통한 최대한의 이자 확보
- 5년 납입 후 예금으로 자동 전환 또는 연금소득으로
  전환하여 비활성소득 증대

지금까지 부자되기 프로젝트에 대해 알아보았는데, 가장 중요한 포인트는 부자의 2단계로 진입할 수 있는 '종자돈 1억'을 모으는 것이다. 1억을 모으기가 힘들어서 그렇지 1억이 2억 되는 것은 보다 쉽다. 2억이 3억 되는 것은 좀 더 쉽고, 3억이 5억 되는 것은 더 쉽다. 돈이 돈을 낳고, 수익이 수익을 낳는 '규모의 경제' 효과가 가속화되기 때문이다.

문제는 1억이다. 1억을 모으기가 그것도 삶의 질과 상관없는 '투자용 목돈 1억'을 모으기가 힘들기 때문에 대부분의 사람들이 부자의 2단계에 진입을 못하고 있다.

그래서 대다수 일반인들은 3년 전에도 1단계였고, 현재도 1단계이며, 3년 후에도 1단계일 가능성이 높다.

하지만 조금만 더 눈을 들어 바라보면 누구나 다 2단계로 진입할 수 있다. 조금 여유가 있는 분들은 5년의 저축을 통해서, 여유가 별로 없는 분들은 7년 혹은 10년의 저축을 통해서 '투자용 목돈 1억'을 모을 수 있다. 여기에 중장기적으로 '백만장자 프로젝트'의 효과까지 가미된다면 적은 저축으로도 얼마든지 투자용 목돈을 만들 수 있는 것이다. 문제는 언제 실행에 옮기느냐는 것인데 이 책을 읽는 순간 시작해 보자. 기존에 하고 있는 하루살이식 저축(3년 미만)은 과감히 정리하고 부자의 2단계로 진입할 수 있는 '투자용 종자돈 마련 저축'으로 과감하게 갈아타자. 어차피 시간은 흘러가게 마련이므로 때가 되면 누구나 다 '부자의 2단계'로 진입할 수 있을 것이다.

② 10억 만들기 프로젝트

한 때 서점가 베스트셀러 목록에 '10억 만들기'라는 제목의 책들이 베스트셀러가 된 적이 있다. 지금도 사실 제목만 다를 뿐 이런 유형의 책들이 많이 나와 있는데 문제는 책에 나와 있는 방법들이 극소수 운 좋은 사람들의 이야기라는 것이다. 대다수 평범한 수준의 사람들이 따라 하기에는 너무 벅차다. 따라서 필자가 제안하고 싶은 것은 2040세대 누구나 할 수 있는 10억 만들기 프로젝트 이다.

10억을 짧은 기간 내에 만드는 것은 무척 어렵다. 5년, 10년? 일반인들에게는 거의 불가능에 가깝다고 해도 과언 이 아니다. 하지만 조금만 생각을 바꾸어 '노후자금용 10 억'을 만들어 보는건 어떨까? 단기간에 10억을 만들기는 무척 어렵지만 2040세대는 충분한 시간이 있기 때문에 적은 노력으로도 '노후자금 10억'은 충분히 만들 수 있다.

참고자료를 보면 '72의 법칙'에 따른 연령대별 투자금 액을 알 수 있는데 연 수익률을 7.2%로 가정해서 10년을 투자한 후, 연복리로 계속 7.2%의 수익률로 굴려 가면 60세 시점에 노후자금 10억을 만들 수 있다는 뜻이다. 당 연히 나이가 어릴수록 투자금액이 줄어들기 때문에 노후 자금 10억이 필요한 분들은 한 달이라도 먼저 시작하는 것이 유리하다. 아울러 백만장자 프로젝트의 효과를 감 안한다면 보다 적은 금액으로도 누구나 다 노후자금 10 억을 만들 수 있다.

노후자금 10억 만들기 제안

1. 10억 만들기 Life Fund란?

- 초고령화 사회 속에서 안정적 노후생활을 영위할 수 있는 최소한의 자금(60세 시점 10억)
- 노후생활비 이외에 자녀교육비, 내집마련자금, 자녀결혼비 은퇴후 창업자금 등의 다양한 용도로 활용 가능

2. 72의 법칙을 활용한 Life Fund 계산

- 72의 법칙 : 72 ÷ 수익률 = 두 배가 되는 경과기간
  (예 : 72 ÷ 7.2 = 10년) 즉, 연간 7.2%의 복리로 10년간 운용시 투자금액이 두 배가 됨.

연 령	10년간 투자금액	목표 금액	비 고
60세		10억원	
50세	667만원	5억원	
40세	334만원	2억5천만원	연수익률
30세	167만원	1억2천5백만원	7.2% 가정
20세	84만원	6천2백5십만원	
10세	42만원	–	

※ 각각의 연령에서 10년간 납입후 60세까지 거치한 경우의 예시표

※ 60세 10억 Life Fund 만들기(10년에 두 배씩 상승 가정)

3. Life Fund 투자시 고려사항

– 수익률 : 최소 연 수익률 7.2% 이상 운용 필요

(현재 은행 평균 예금금리 : 4%)

– 이자소득세 : 비과세 상품 가입 필요

(은행, 증권사 과세)

– 인플레이션 : 연간 4%의 인플레를 감안, 보다 높은

수익률의 투자 필요

4. 백만장자 프로젝트에 입각한 60세 10억 만들기 제안

(10년 투자)

구 분	I案(안정적 투자)	II案(공격적 투자)
투자 방법	일반연금(50%) + 변액연금(50%)	변액연금 (100%)
특 징	원금보전과 일정수익률 동시 추구	High Risk High Return
30세 가입 예시	일반연금 25만 원 + 변액연금 25만 원	변액 50만 원
40세 가입 예시	일반연금 50만 원 + 변액연금 50만 원	변액 100만 원

③ 경제적 독립을 선언하자

누구나 부자가 되고 싶어 한다. 그런데 어떻게 보면 그

것은 돈이 좋아서라기보다는 돈이 싫어서 그런 것이 아닌가 생각되기도 한다. 인생을 살아가면서 돈 때문에 신경 쓰고, 돈 때문에 스트레스 받기 싫어서, 그래서 아예 돈을 많이 벌면 돈으로부터 자유로워질 수 있기 때문이다. 이렇게 돈으로부터 자유로워지는 상태를 전문용어로 'Economic Freedom', 우리말로는 '경제적 독립'이라고 한다.

그렇다면 매월 어느 정도의 돈이 있다면 굳이 일을 하지 않아도 주변 사람들에게 손 벌리지 않고 살 수 있을까? 개인별로 차이는 있겠지만 보통사람의 경우 매월 300만 원 정도만 있어도 일을 하지 않아도 살 수 있다고 한다.

그러면 돈으로부터 자유로워질 수 있는 상상의 세계로 떠나 보자. 만약 오늘 퇴근 후에 길을 가는데 횡단보도 근처에서 달려오는 트럭 앞으로 갑자기 넘어지는 아이를 구하게 되었다고 하자. 알고 보니 그 아이는 재벌가의 손자였는데, 그 재벌 회장이 너무 고마워서 가진 건 돈 밖에 없으니까 이번 달부터 매월 300만 원씩 평생동안 드리고 싶다고 제안을 하는 것이 아닌가. 그래서 당장 이번 달부터 매월 300만 원씩 통장에 입금이 된다. 이 달에 다 써도 다음 달에 또 들어온다. 만약 이런 일이 생긴다면 독자의 인생에 도움이 될까?

아마 많은 도움이 될 것이다. '300만 원이 이번 달부터 입금되면 어떻게 쓸 까' 하고 상상만 해도 즐거울 것이다. 가족들과 여행도 가고, 외식도 하고, 부모님께 용돈도 드리고, 남으면 저축을 해도 된다. 매월 300만 원의 추가 수입만 들어 와도 인생이 달라질 것이다. 일하기 싫으면 일 하지 않아도 되는 '경제적 자유'가 생기는 것이다.

하지만 문제는 이런 일이 생길 확률은 로또에 당첨될 정도의 확률이라는 것이다. 로또에 당첨만 되면 이 보다 더한 경제적 자유도 성취할 수 있다. 그래서 지금 이 순간에도 수많은 국민들이 로또 복권을 구입하지만 대다수가 상상속의 즐거움만 누릴 수 있을 뿐이다. 정말 이런 경제적 자유가 필요하다면 로또를 사지 말고 현실적인 준비를 해 보자. 은행상품에는 월 이자 지급상품이라는 것이 있는데 1억을 넣어 두면 4% 기준으로 매월 세후 약 30만 원 가량 준다. 300만 원을 받으려면 10억 원을 은행에 넣어 두면 된다.

그러면 10억 원을 만들기 위해 지금부터 매월 300만 원을 저축해 보자. 10년이면 원금 기준으로 3억6천만 원,

대략 25년 정도 걸릴 것이다. 그런데 25년간 매월 300만 원씩 저축해서 25년 후부터 매월 300만 원이 나온다고 하더라도 지하철 티켓이 만원이고, 자장면 한 그릇이 5만 원이면 얼마나 쓸 수 있을까. 우리나라의 물가 상승 속도를 보면 어렵지 않게 예상할 수 있을 것이다.

이러한 이유로 인해 보통사람들에게 경제적 자유란 꿈에 불과하다. 현재의 소득 수준으로는 요원한 꿈. 그래서 로또에 매달리게 되는 것이다. 하지만 만약 25년이 아니라 10년 전후로 기간을 줄일 수 있고, 매월 투자하는 금액이 300만 원이 아니라 낼 수 있는 금액 정도로 투자해서 경제적 독립이 가능한 금융상품이 있다면 어떨까?

이것이 바로 '백만장자 프로젝트'의 요체이다. 이 프로젝트의 요점은 장기 연금펀드를 여하히 잘 활용하는가에 달려 있는 것이다. 장기 연금펀드의 수익률이 높을 경우 백만장자 프로젝트의 성공 가능성은 충분하다.

은행의 이자지급식 상품은 원금을 보존하고 이자만 지급하지만 보험회사의 연금상품은 원금과 이자가 같이 지급되기 때문에 10억 원보다 훨씬 적은 금액으로도 수익률에 따라 매월 300만 원을 평생동안 지급할 수 있다.

2040세대에게 남은 마지막 기회를 잘 활용한다면 누구나 다 '경제적 독립'을 성취할 수 있다고 확신한다.

2) 미래의 지출을 준비하자

백만장자 프로젝트가 제공할 수 있는 가장 큰 혜택이 바로 '인생의 필수자금'을 해결해 주는 것이다. 인생의 필수자금이란 사람이 인생을 살아가면서 소득과 상관없이 반드시 써야 하는 돈을 말한다. 소득이 100만 원이든, 200만 원이든, 300만 원이든 생활비와 상관없이 누구나 써야 하는 돈. 이런 필수자금에는 대표적으로 자녀교육비와 양육비가 있다. 자녀가 커 갈수록 기하급수적으로 돈이 많이 들어간다. 우리나라의 교육환경으로 미루어보건대 교육비의 증가는 앞으로도 지속될 것이다.

두번째는 주택마련 또는 확장자금이 있다. 현재의 집에서 평생 살고 싶은 사람은 없다.

세번째는 창업자금이다. 정년이 짧아지면서 실제로 수많은 사람들이 창업전선에 뛰어 들고 있는데 창업을 하려면 상당한 창업자금이 필요하다.

네번째는 부모님 부양 자금이다. 필자의 경우 이미 지출이 시작되었는데 상당수의 국민들이 이런 비용을 감내

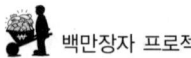

해야 한다.

다섯번째는 자녀의 결혼자금이고, 여섯번째는 노후자금 및 은퇴 후 창업자금이다. 연금을 많이 받아도 하는 일이 없다면 금방 하늘나라로 갈 확률이 높다.

일곱번째는 각종 목적자금이다. 부모님 칠순잔치라든가 부부 세계여행 등 특정한 목적의 이벤트가 있을 때 필요한 자금이다. 대략적으로 필수자금을 언급해 보았는데 문제는 이런 자금들이 생활비와 상관없이 발생한다는 것이다. 또한 이런 자금들은 소득이 높을수록 많이 필요하게 된다. 모든 면에서 눈높이가 높기 때문이다. 따라서 인생의 필수자금은 상위 5%의 자산가를 제외하고는 대한민국의 모든 국민들이 공통적으로 해결해야 하는 문제라고 할 수 있다.

이런 '인생의 필수자금'에는 한 가지 공통점이 있다. 바로 '쓰는 기간이 길다'는 것이다. 최소 5년 후부터 10년, 20년, 30년, 그리고 죽을 때까지 필요하다. 살아 있다는 이유만으로도 돈이 필요하기 때문이다. 필자가 지금까지 수많은 상담을 하면서 이런 필수자금들을 어떻게 준비하는지 물어 보았는데, 대다수 고객들의 답변이 은행의 단기저축이나, 증권회사의 단기 적립식펀드, 그리고 부동산(아파트) 정도였다.

우리나라에는 유독 아파트 '한 채' 부자가 많은데 꽤 가격이 나가므로 어느 정도는 해결되지 않겠느냐는 논리였다. 하지만 부동산의 경우는 유동성에 제약이 많기 때문에 필요한 시기에 필요한 자금으로 활용하기에는 상당한 제약이 있다.

결론적으로 인생의 중장기 필수자금을 부동산이나 단기저축으로 준비한다는 뜻인데 이렇게 준비해서 과연 잘 쓸 수 있을까. 참고로 은행, 증권과 보험의 영역구분은 5년이다. 5년 미만의 필요자금은 당연히 은행과 증권회사를 통해 준비하는 것이 유리하다. 5년 이후부터는 여러 가지 이유로 보험 쪽이 유리하기 마련인데, 중장기로 발생하는 인생의 필수자금을 잘 쓰기 위해서는 당연히 보험상품을 활용해야 한다. 똑 같은 금융상품도 누가 어떻게 활용하느냐에 따라 결과는 달라지기 때문이다.

앞으로 인생을 살아가면서 소득의 증가속도와 지출의 증가속도 중 어느 것이 더 빠를까. 대부분의 사람들은 거의 예외없이 지출의 증가속도가 더 빠를 것 같다고 답변할 것이다. 현재 2040세대가 살고 있는 '이벤트 인생'을

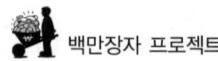

생각해 보면 당연한 대답이다.

그러면 앞으로의 지출을 어떻게 대비해야 할지 생각해 보자. 현재의 저축여력을 감안해 보았을 때 은행 금리 정도의 수익률로는 도저히 맞출 수 없을 것이다. 보다 높은 수익률이 가능한 금융상품을 찾아서 투자하고, 더불어 최대한 일찍 준비해야 앞으로 필요한 시기에 필요한 자금을 원활하게 조달할 수 있다.

지금 이 순간부터 미래지출을 준비해 보자. 전문가에게 도움을 구한다면 더욱 좋다. 백만장자 프로젝트의 높은 예상 수익률을 감안한다면 적은 준비로도 충분히 가능하다.

① 나만의 '평생금고'를 만들자

돈을 잘 쓰려면 어딘가에 잘 담아 놓고 써야 하는데, 우리나라에는 돈을 담아 놓고 쓸 수 있는 그릇이 모두 네 가지가 있다. 금고, 은행, 부동산, 연금인데 네 가지의 장단점에 대해 알아보자.

첫 번째는 금고로, 집안의 벽을 파서 금고를 설치해서 돈을 넣어 놓고 꺼내 쓰는 방법이다. 금고의 장점은 무엇일까? 정답은 아무도 모른다는 것이다. 즉, 국세청에서 개인의 집에 얼마가 들어 있는지 파악할 길이 없다는 뜻이다. 그래서 세금이 겁나는 사람들은 실제로 집 안에 금고를 설치해서 사용하고 있다.

하지만 이 방법은 큰 단점이 두 가지 있는데, 첫째는 수익률이 제로라는 것이다. 은행이나 부동산은 일정 수준의 수익을 얻을 수 있지만 금고는 수익이 전혀 없기 때문에 꺼내 쓰다 보면 쌀독의 쌀처럼 다 없어지게 된다.

두 번째 단점은 불안감이다. 집안의 금고에 10억 원을 넣어 두었다고 생각해 보자. 도둑이 들까봐 불안해서 여행도 제대로 다니지 못할 것이다. 이처럼 금고는 익명성이 보장되지만 이런 단점들로 인해서 실제로 활용하는 사람들은 많지 않다.

두 번째 방법은 은행을 활용하는 것이다. 절대 다수의 사람들이 실제로 은행을 이용하고 있는데, 은행의 장점으로는 편리성과 안전성을 꼽을 수 있다. 인터넷 뱅킹을 통해 수시로 편하게 돈을 꺼내 쓸 수 있고, 금고처럼 도둑맞거나 하는 일이 없다.

하지만 은행에도 단점이 있다. 첫 번째는 수익이 낮다는 것이다. 일반 입출금통장의 경우는 年 수익률이 보통

0.1%~0.2%에 불과하고 정기예금의 경우도 년 4% 정도로 인플레를 따라 가지 못하고 있다.

두 번째 단점은 세금인데, 세금의 많고 적음을 떠나 세금이 발생했다는 사실 자체가 국세청에 통보되기 때문에 내가 가진 자산이 얼마나 되는지 정확하게 알려질 수 밖에 없다. 아울러 세금이 많아지게 되면 금융소득종합과세 같은 중과세의 부담도 떠 앉게 된다. 그래서 돈이 많아질수록 은행을 기피하는 현상이 생기는 것이다.

세 번째는 부동산이다. 아파트나 상가 등에 투자해서 매월 월세를 받아서 쓰는 방법인데, 은행보다는 수익률이 높고 부동산의 가치 또한 올라갈 것으로 기대하기 때문에 많은 사람들이 활용하고 있다. 하지만 부동산은 유동성 측면에서 심각한 단점이 있다. 부동산 경기가 좋을 때는 매매를 해서 현금으로 전환이 가능하지만 부동산 경기가 나빠지면 원금은커녕 큰 손실을 입을 수도 있다.

우리나라의 부동산 경기는 장기적으로 보았을 때 점점 후퇴할 것으로 예상되는데(고령화, 저출산의 리스크로 인한 수요감소), 부동산에 대한 세금 압박도 나날이 강해질 것으로 판단된다. 또한 부동산에는 여러 가지 부대비

용이 많이 발생한다. 부동산 취등록세는 물론이고, 중개
수수료도 발생하고 각종 보유세(재산세, 종합부동산세)
에 대한 부담과 양도소득세도 만만치 않다. 게다가 임대
소득도 일정액 이상이면 매년 임대소득세도 별도로 납부
해야 한다. 여기에 부동산의 노후화에 따른 각종 유지보
수 비용도 감안해야 한다. 부동산 전문가들에 따르면 임
대수익률이 年 8% 이상이면 투자성이 있다고 하는데, 이
런 각종 부대비용을 생각하면 생각보다 수익이 떨어질
가능성이 높다. 거기에 만약 임대가 잘 안 되거나 부동산
의 가치가 하락하는 일이 생기게 되면 임대수입으로 돈
을 쓰는 계획에 큰 차질을 빚을 수도 있다.

마지막 네 번째 방법은 연금이다. 연금은 보험회사에
돈을 넣어 두고 매월 꺼내 쓰는 방법인데, 2006년 현재
약 5% 내외의 수익으로 쓸 수 있다.(공시이율형 기준)
은행보다는 높고 부동산보다는 조금 낮은 수준이다.

연금의 특징은 비과세혜택 때문에 세금 부담이 전혀
없고 죽을 때까지 아무 신경 안 써도 매월 받을 수 있다
는 것이다. 남편이 먼저 사망해도 부인이 평생동안 수령
할 수 있고, 책임준비금(원금＋이자)을 자녀에게 상속시

켜 줄 수도 있다.

그래서 강남 부자들의 경우 최근 들어 부동산 보유 비중을 줄이고 연금 비중을 늘리고 있다고 한다.

지금까지 돈을 잘 쓰는 방법으로 금고, 은행, 부동산, 연금 4가지를 설명했는데, 돈을 담아 놓고 편안하게 쓰기에는 연금이 여러 면에서 유리해 보인다. 하지만 이 연금에도 큰 단점이 있다. 바로 준비기간이 필요하다는 것인데, 연금소득세(5.5%)가 비과세 되려면 최소 10년이 필요하다. 즉, 한 달이라도 일찍 시작해야 그만큼 빨리 꺼내 쓸 수 있다는 뜻이다. 그래서 5060세대가 준비하기에는 시간이 부족하다. 연금은 앞으로 인생의 필수자금을 장기간 동안 지출해야 하는 2040세대에게 보다 적합한 상품이다. 여기에 장기 연금펀드의 수익률까지 가미된다면 매우 만족스런 '나만의 평생금고'로서 톡톡히 제 역할을 다할 것이다.

그래서 '나만의 평생금고' 만들기 프로젝트는 인생의 필수자금을 잘 쓰기 위한 도구로서 장기 연금펀드를 활용해 보자는 컨셉이다. 장기 연금펀드는 여유자금의 추가납입과 필요자금의 중도인출이 수시로 가능해서 평생

동안 활용하기 좋기 때문이다.

3) 노(老)테크

백만장자 프로젝트의 핵심은 결국 '노후 준비'라고 할 수 있다. 주변을 돌아보면 연봉이 4~5천만 원이 넘는데도 저축도 못하고 사는 사람들이 수두룩하다. 남보다 더 활발한 이벤트 인생을 살기 때문인데, 앞으로 소득의 증가속도보다 지출의 증가속도가 더 빨라지면 그런 사람들의 재무인생은 흑자인생보다는 적자인생으로 흘러갈 가능성이 높다. 이는 비단 현재의 2040세대에만 국한되는 현상이 아니다. 종로에 있는 탑골공원에 가 보면 공원 곳곳을 노인들이 점거하고 있는데, 개인별로 과거사를 물어 보면 한 때 잘 나갔던 사람들도 많다. 잘 나갈 당시에 미래를 준비하지 못하다 보니 위기가 닥쳤을 때 무너진 사람들이 많은 것이다.

2040세대에 비해 여러 가지 면(금리, 부동산, 사교육비, 퇴직금, 국민연금 등)에서 여건이 좋았던 5060세대도 스스로 준비하지 않으면 늙어서 탑골공원에 가는 신세가 되고 있는데, 이벤트 인생을 살고 있는 2040세대는 앞으로 돈 쓸 일이 더 많기 때문에 늙어서 절대빈곤의 늪에 빠질 가능성이 높다. 대한민국의 미래로 소리 없이 다가오는 '고령화, 저출산'의 리스크는 국가재정에 핵폭탄급 충격을 안겨 줄 가능성이 높기 때문이다. 그래서 젊을 때 남들 쓰는 대로 어쩔 수 없이 써야 한다면 최소한 한 가지는 준비하자는 것이 '노(老)테크 프로젝트'이다.

노후는 국가도, 부동산도, 은행도, 자녀도 그 누구도 준비해 주지 않기 때문이다. 스스로 준비하는 것 이외에는 방법이 없다.

필자가 상담한 60대분들이 가장 걱정하는 것은 무엇일까? 크게 두 가지의 답변으로 정리되었는데, 하나는 '앞으로 자녀들에게 생활비 때문에 손 벌리는 것'과 또 하나는 '쓰러져서 자녀들이 대소변을 받아 내는 일이 생기는 것'이었다.

이 글을 읽는 독자도 60대에 접어 들면 비슷한 고민을 하게 될 것이다. 현재의 5060세대는 이미 시간이 많이 지나갔기 때문에 어쩔 수 없다 하더라도 2040세대는 준비할 수 있는 기간이 남아 있다.

첫 번 째 고민은 지금이라도 장기 연금펀드를 시작하면 되고, 두 번 째 고민은 간병보험으로 해결하면 된다.

이 두 가지 준비만 제때 해 놓으면 60대 들어서 심각하게 고민하고 걱정할 일이 없을 것이다.

'가장 행복한 사람은 어떤 사람일까?'

선택을 하라면 차라리 초년운과 중년운이 좋은 것보다 말년운이 좋은 것이 낫지 않을까. 늙어서 힘도 없고 외로울 때, 돈마저 없다면 삶의 비참함은 이루 말할 수 없을 것이다. 여력이 없는 사람은 20~30만 원 정도, 조금 여력이 있는 사람은 40~50만 원 정도를 없다는 셈치고 20년~30년 동안 장기 연금펀드에 넣어 보자. 초,중년운은 각자의 운에 맡긴다 하더라도, 말년운 만큼은 확실하게 좋아질 것이다.

① 백만장자가 갖고 있는 아파트

은행에서 취급하는 상품 중에 '역모기지론' 이라는 상품이 있다. 부동산을 담보로 매월 일정액씩 대출을 해 주고 10년, 20년 뒤에 부동산을 팔아서 원금과 이자를 갚는 상품이다. 이 상품은 부동산의 가치가 장기적으로 상승할 것이라는 전제 하에서 만들어진 상품인데, 만약 부동산 가치가 하락한다면 경매 처분 등 매우 곤란한 일들이 발생할 수도 있다. 하지만 부동산에 대해서 신뢰를 하고 있는 사람들이 많기 때문에 '역모기지론'을 활용하는 경우가 점점 늘어나고 있다고 한다.

대한민국 아파트 불패 신화의 주인공 중에서 대표는 단연 서울 강남의 한 주상복합아파트이다. 이 아파트는 2006년 현재 30평형대가 10억 원 이상을 호가하고 있다. 앞으로도 계속 오를 것이라는 의견이 지배적인데 과연 5년 후에는 어떻게 될까? 그렇다면 10년 후에는?

'부동산 불패파'의 입장에서는 15억 원, 20억 원도 될 수 있지만 '부동산 필패파'의 입장에서는 8억 원, 5억 원이 될 수도 있다. 즉, 향후 부동산 시장 전망은 아무도 모르는 '신의 영역'이지만 어떤 방향으로 흘러가든 문제는 안정성면에서 리스크가 있을 수 있다는 것이다. 오를 것으로 기대하고 투자를 했는데 만에 하나 떨어지면 어떻게 할 것인가.

그래서 필자가 알고 있는 10억 원짜리 아파트를 하나 추천해 주고 싶다. 이 아파트는 앞으로 5년 후에는 14억 원 정도가 되고, 10년 후는 17억 원, 20년 후는 28억 원, 50년 후는 100억 원 정도가 될 것으로 거의 확실시된다.(공시이율 5% 기준) 시세상승 이외에도 다양한 장점이 많이 있는데, 첫째 취등록세가 없다.

따라서 부동산 중개비용도 없으며, 둘째 재산세 및 종합부동산세 등 보유세도 면제 받는다. 건강보험 및 국민연금 과표에도 반영되지 않음은 물론이다. 셋째, 10년 이상 보유시 양도소득세도 면제 받는다. 시세차익을 그대로 챙길 수 있다.

넷째, 유사시 돈이 필요하면 담보대출비율이 시세의 90%까지 가능하며, 인지대 및 증지대, 설정비 등 각종 비용도 들지 않는다. 심지어 중도상환을 해도 중도상환 수수료가 전혀 없다.

다섯째, 10억 원당 월세 500만 원이 가능하다. 20억 원이면 1천만 원이 가능하고 30억 원이면 1천5백만 원이 가능하다. 가격이 높은 아파트일수록 이런 월세를 받기는 무척 어렵다. 이 아파트는 확실한 시세상승이 예상되기 때문에 역모기지론을 받더라도 걱정할 필요가 없다.

여기에 임대의 번거로움과 유지보수 비용도 전혀 들지 않는다. 마지막으로 이 아파트는 무이자 할부로 구입이 가능하다. 보통 7년~10년 정도 할부금을 내는데 아파트 분양가도 1억 원에서 수십억 원까지 자유롭게 선택할 수 있다.

자. 독자의 눈 앞에 이런 아파트가 있다면 어떻게 할

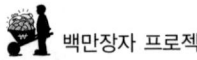
백만장자 프로젝트

것인가.

여기까지 설명하면 눈치 빠른 독자는 '아파트를 연금에 비유해서 설명하는구나'라고 알아차릴 것이다. 실제로 필자가 부동산 보유비중이 높은 고객들에게 아파트에 비유해서 연금을 설명할 때 많이 활용한 컨셉인데, 중장기로 본다면 웬만한 아파트보다 연금이 여러모로 유리하다. 공시이율형 연금상품의 경우 최저 보증 수익률이 있기 때문에 시세가 떨어질 일도 없다.

여기에 장기 연금펀드의 수익률이 가미된다면 대한민국 부동산 역사상 가장 빠른 시세상승의 아파트를 손에 넣을 수 있음은 물론, 월세 및 역모기지론으로 활용한다 해도 매우 만족스러울 것이다. 노후자금용으로 쓰려면 눈에 보이는 아파트 보다는 '눈에 보이지 않는 백만장자 아파트'를 구입하는 것이 더 낫지 않을까.

② '부(富)'를 물려주자

전세로 결혼생활을 시작한 사람과 강남의 E아파트를 기반으로 출발한 두 사람의 차이는 어떤 것일까? 한 사람은 전세대출도 제대로 못 갚은 상태로 한참을 살게 되는데 반해 한 사람은 상당한 자산을 모을 수 있을 것이다.

둘 사이에는 여러 가지 차이점이 많이 있겠지만 그 시작은 '출발선의 차이'다. 인생은 마라톤이라고들 하는데 10킬로미터 앞에서 출발하는 선수와 출발선에서 출발하는 선수는 엄청난 차이를 보이게 된다. 10킬로미터 앞에서 출발한 선수는 여유있게 전후좌우를 돌아보며 계속 앞서 나갈 것이지만, 출발선에서 출발한 선수는 죽어라고 뛰어도 앞서 출발한 선수의 뒷모습도 보기 힘들 것이기 때문이다.

　부모님을 원망하자는 이야기는 아니다. 물려받은 유산으로 떵떵거리고 사는 것은 자신들의 노력이 아니기 때문에 그것을 자랑할 이유도 없고 그 유산을 잘 지켜갈 수 있을지도 장담하기 어렵다. 지금 2040세대의 부모님은 박봉에 자녀 2~3명씩 모두 대학교육 시키느라 뼛골이 다 빠진 분들이다. 그 분들에게 효도하는 의미에서라도 우리는 자녀를 위해 '부자 자녀 만들기 프로젝트'를 시작해야 할 때다. 우리의 어려움보다는 우리의 자녀에게 희망과 든든한 받침대를 마련해 주어야 할 책임이 우리에게 있는 것이다.

　자녀가 어릴 때부터 자녀의 미래를 미리 준비하는 민족이 바로 유태인이다. 유태인이 소수민족임에도 불구하고 제일의 부자민족이 된 이유는 타고난 근면성과 끈끈한 민족간의 유대관계도 있었지만 크게 두 가지의 노력이 바탕이 되었다고 한다.

첫째는 어려서부터의 경제교육이다. 2040세대는 대부분이 대학을 졸업할 때까지 학비와 용돈을 부모님께 받아 써왔다. 하지만 20대는 자본주의 사회인 대한민국에서 자본주의 논리를 깨닫기에 너무 늦은 시기이다. 만약 10대 이전부터 경제에 대한 관념과 돈에 대한 철학을 배울 수 있었다면 사회에 나가서도 훨씬 빨리 재정적 성공을 이룰 수 있을 것이기 때문이다.

이렇듯 유태인들은 자녀가 철이 들 무렵부터 노동에 대한 대가를 경험하게 해 주고 돈에 대한 소중함을 일깨워 줘서 자녀가 사회인이 될 시점에는 훌륭한 경제인을 만들어 낸다고 한다. 아울러 자녀가 어릴 때부터 사회출발용 자금을 준비해 줘서 사회생활을 시작할 무렵부터 자산관리에 대한 뒷받침을 해 준다고 한다.

이런 프로그램을 '우리 자녀 부자 만들기 프로젝트'라고 붙여보자. 적은 금액으로도 20년~30년 동안 준비하면 복리효과로 인해 상당한 자금을 모을 수 있다. 여기에 장기 연금펀드의 수익률이 더해지면 자녀가 사회생활을 시작할 때는 물론 결혼할 때도 든든한 경제적 바탕을 마련해 줄 수 있을 것이다.

둘째는 종신보험을 최대한 활용했다는 것이다. 돈은 다 똑같은 모양이지만 그 의미는 각각 틀리다. 예를 들어 복권에 당첨된 돈과 아버지가 사망하면서 남긴 보험금은 그 액수가 같다고 하더라도 자녀들에게 하늘과 땅 차이만큼 의미가 틀릴 것이다.

그래서 할아버지가 가입할 수 있는 최대한의 보험금을 남겨 주면 아버지는 그 자금을 바탕으로 열심히 노력해서 보험금을 최대한 키운다. 마찬가지로 아버지가 사망하면 아들은 그 보험금을 바탕으로 더 노력해서 손자에게는 더욱 큰 보험금을 남겨 준다는 것이다.

이렇게 몇 세대가 지나가면 무조건 부자가 될 수밖에 없다. 여기에 어릴 때부터의 경제교육이 가미되면 소위 말하는 '부자 명문가문' 이 되는 것이다.

이런 유태인식 프로그램은 자녀들을 위해서 꼭 필요하다. 이런 부모의 노력을 자녀들이 알게 되면 적어도 인생을 대충 사는 일은 없을 것이기 때문이다.

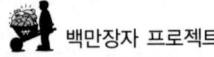

결론적으로 백만장자 프로젝트의 핵심인 '장기 연금펀드'는 어떻게 활용하느냐에 따라 2040세대의 인생은 물론 자녀의 인생까지도 풍요롭게 만들어 줄 수 있다.

'3세대 가문컨설팅'이라는 프로그램도 있는데 연금을 활용한 상속 및 증여를 통해 '명문가문'을 육성하는 프로그램이다. 세금을 줄이는 것은 물론 할아버지, 아버지의 수십 년간의 정성이 담겨 있기 때문에 평범한 가문도 충분히 명문가문으로 성장시킬 수 있다. '똑같은 금융상품도 누가 어떻게 활용하느냐에 따라 결과는 천차만별'이라는 금융업계의 격언이 실감나는 프로그램이다.

MEMO

....

....

....

....

....

....

....

....

....

Ⅳ. 개인별 맞춤형 재무 계획

IV. 개인별 맞춤형 재무계획

●●● 이번 장에서는 '백만장자 프로젝트' 의 하이라이트인 '개인 재무관리(Wealth Management)' 에 대해 집중적으로 소개하고자 한다. 개인 재무관리란 사람이 인생을 살아가면서 소득과 상관없이 꼭 써야 하는 '인생의 필수자금'을 효율적으로 준비하는 프로그램을 말한다.

이런 프로그램이 필요한 이유는 금융환경이 빠르게 변화하면서 수많은 변수 즉 금리라든가, 환율, 부동산, 채권, 주식 등의 변수를 개인이 일일이 체크하면서 재테크를 진행하기엔 여러 가지 어려움이 많기 때문이다. 참고로 미국의 경우엔 재무설계서비스가 본격화된 70년대 이후 은퇴자금 마련, 내 집 마련, 자녀 교육비 마련, 소득세

절세, 위험관리 등에 대한 자산관리와 운용상담을 FP가 도맡아 하고 있다. 우리나라도 소득수준이 높아질수록, 금융자산의 비중이 높아질수록 이런 서비스를 원하는 국민이 늘어날 것이다. 그래서 상위 5% 자산가들의 경우는 각 분야별로 전문가들이 포진하고 있다. 은행, 증권, 부동산, 보험, 세금분야의 전문가들이 더 부자가 되도록 도와 주고 있는 것이다.

이런 거래를 통해 해당전문가들이 커미션을 받음은 물론이다. 이른바 상호 윈윈 관계를 형성하게 되는데 대다수 일반인들은 자산규모가 작기 때문에 이런 서비스를 제공 받기 어렵다. 하지만 최근 들어 은행,증권,보험이 점점 통합되면서 일반인을 상대로 하는 재무관리 컨설팅 서비스가 계속 확산되고 있는 추세다. 즉, 마음만 먹으면 전문가를 찾아낼 수 있다는 뜻이다.

따라서 개인 재무관리의 핵심은 골치 아픈 재테크를 전문가에게 위탁하고 고객은 열심히 인생을 살자는 것으로 요약할 수 있다.

1. 개인 재무관리란?

개인 재무관리는 재테크 4단계 중 2번째 단계이다. 즉, 재테크를 얼마간 시작한 사람이라면 대부분 해당되는 단계인데, 저축여력으로는 매월 50만 원~200만 원 사이의 계층이 대상이다. 이런 계층에 속하는 사람들은 현재의 저축으로 미래의 지출을 충분히 준비하기 어렵기 때문에 향후 필수자금이 어느 정도 필요한지 계산해 보고 하루라도 빨리 준비를 시작해야 한다. 시간은 화살처럼 흘러가기 마련이므로 필요성을 느끼는 나이가 되면 이미 준비하기 늦은 경우가 많기 때문이다.

개인 재무관리에서 가장 중요한 것은 장기투자를 해야 한다는 것이다. 사람이 인생을 살아가면서 2~3년 후 결혼하는 경우와 2~3년 후 주택을 마련하는 경우를 제외하고는 2~3년 후에 수 천만 원에서 1억이 넘는 돈이 필요한 경우는 거의 없다. 혹시 있다면 갑작스런 질병과 사고로 예기치 않은 돈이 들어가는 경우를 꼽을 수 있는데 만약 이런 일이 생긴다면 보장성 보험으로 해결할 수 있다.

하지만 대다수의 사람들은 무의식적으로 3년 미만의

단기 저축과 투자를 많이 한다. 그 이유는 사람의 속성이 그렇기 때문인데 먼 미래를 보는 것 보다는 눈 앞에 구체화되는 것이 좋기 때문이다. 하지만 단기간 투자를 계속한다면 스스로 가난해지는 길을 선택하는 것과 다를 바 없다. 2~3년 정도 후에 만들 수 있는 자금은 투자를 통해 불려 가기 보다는 흐지부지 부서질 가능성이 높기 때문이다.

서두에서부터 강조했듯이 사람은 본질적으로 미래보다는 추억을 먹고 사는 동물이며, 소비성향의 동물이고, 유혹에 약하며, 이성보다는 감정을 추구하고, 지난 번의 실수를 망각하고 또 실수를 거듭하는 망각의 동물이기 때문이다. 그래서 개인 재무관리가 필요한 것이다.

이 책을 읽는 누구라도 초등학교 시절의 방학생활계획표를 지키기 어려웠던 기억이 있을 것이다. 인생의 재무관리도 마찬가지다. 도처에 숨어 있는 온갖 지출이벤트라는 함정이 재무상황을 풍요롭게 만들고 부자가 되는 길에 방해를 하는 것이 인생이다. 그래서 전문가가 필요한 것이다. 어떻게 준비해야 평생을 살면서 '돈'이라는 존재로부터 해방될 수 있는지, 어떻게 관리해야 필요한 시기에 필요한 자금을 원활하게 조달할 수 있는지 전문

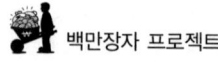

가와 같이 고민하고 준비해야 평생 돈 걱정 안 하면서 살 수 있다. 이것이 필자가 생각하는 '개인 재무관리'의 요체이다.

Life Cycle이라는 도표를 보면 일반적인 사람의 재무인생이 그려져 있다. 실선은 수입곡선을 말하며 점선은 지출곡선을 의미한다. 결혼을 하면서 주택을 마련하고, 자녀를 낳고, 교육을 시킨다.

〈 표 : Life Cycle 〉

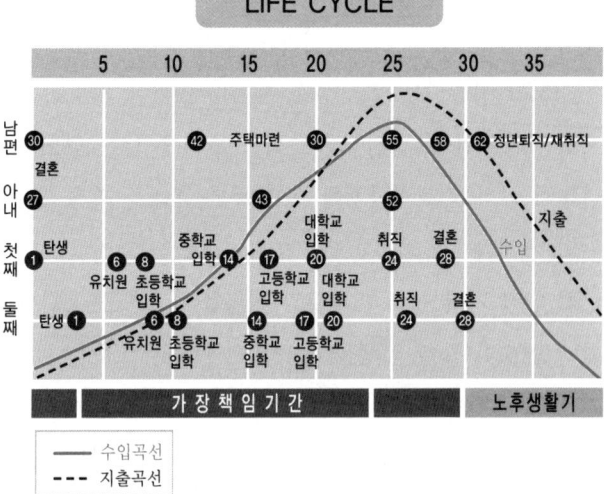

이외에도 각종 이벤트가 진행될 것이다. 재무인생의

전반기에는 일반적으로 수입곡선이 지출곡선보다 높다. 이 차액을 저축을 통해 준비해서 재무인생의 후반기를 준비하는 것이 보통 사람의 인생인데, 자세히 들여다 보면 어느 시점부터 지출곡선이 수입곡선을 초과하는 순간이 오게 된다. 자녀의 대학 등록금을 감당해야 하는 시점부터이다.

그런데 문제는 이런 도표처럼 살고 있는 국민보다 저축을 못하고 사는 국민들이 더 많다는 것이다. 소득 대비 지출할 이벤트가 널려 있기 때문에 5060세대가 살아온 것처럼 2040세대가 살아가기 힘들다.

24시간 방송되는 홈쇼핑에, 해마다 모델을 바꾸어 출시하는 자동차에, 점점 고급화되는 주택에, 너도 나도 앞다투어 나가는 해외여행에, 노트북과 휴대폰 같은 생활편의 전자제품에, 각종 레저문화에 이르기까지 일상의 순간 순간 마다 온갖 이벤트가 지갑을 열도록 유혹한다. 삶이 이렇다 보니 인생을 살아가면서 하는 고민의 90%가 돈에 관련된 고민일 수밖에 없다. 사실 웬만한 수입은 21세기 대한민국 국민의 삶의 질을 유지하기에도 벅찬 것이 현실인 것이다.

따라서 2040세대는 지금부터라도 준비를 시작해야 한

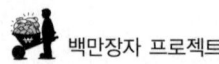

다. 백만장자 프로젝트의 핵심인 장기 연금펀드의 수익률을 예상해 보면 적은 금액으로도 미래의 지출을 준비할 수 있다. 아니 최소한 노후기에 절대 빈곤의 수렁에 빠지지는 않을 것이다. 개인 재무관리의 컨셉과 프로세스를 잘 살펴보고 내 인생의 재무계획을 세워 보자. 제대로 계획을 세우고 실천해 나간다면 평생 '돈' 문제로부터 해방될 수 있을 것이다.

2. 개인 재무관리 고려사항

동시대를 살아가는 대한민국 국민들의 재정적 상황은 그 숫자만큼 다양하다. 개개인의 직업별, 연령별, 성별로 다양한 소득수준과 재무인생에 대한 눈높이를 가지고 있다. 따라서 개인 재무관리 계획을 세울 때는 남들이 하는 대로 따라 하는 것도 필요하지만 내 인생계획과 재무상황에 맞는 계획을 세우는 것이 더 중요하다. 뱁새가 황새를 따라가다 가랑이가 찢어진다는 속담처럼 현실을 오버하는 계획은 오래 지속되기 힘들기 때문이다. 그래서 개인별로 계획을 세울 때 꼭 검토해 보아야 하는 고려사항이 있다. 다양한 재무관리 계획의 최대공약수쯤 되는 사항들인데 총 다섯 가지를 필히 검토할 것을 제안한다.

1) 증식 VS 보전

숟가락, 젓가락만큼이나 친근하게 되어 버린 '재테크'라는 단어. 과연 재테크의 의미는 무엇일까? 대부분의 사람들은 '돈을 불리는 것', '어딘가에 투자하는 것' 등이라고 생각 할 것이다. 이런 생각을 정리해 보면 전문용어로 '증식'이라고 정리할 수 있다. 하지만 재테크에는 또 다른 측면이 반드시 검토되어야 하는데, '이제까지 애써 모은 자산을 까먹지 않고 지키는 것' 즉, '보전'이다.

즉 증식과 보전은 동전의 양면이다.

그런데 보전은 5%의 자산가들보다 95%의 일반인들에게 더 중요하다. 왜냐하면 인생을 살면서 갑작스런 사고나 질병으로 경제적 능력을 상실하는 경우가 생긴다면 자산가들은 그 동안 모아 놓은 돈으로 얼마든지 먹고 살수 있지만, 일반인들의 경우에는 본인 뿐 만 아니라 가족에게까지 치명적 영향을 줄 수 있기 때문이다. 따라서 재테크를 고민할 때 최우선적으로 고려해야 할 사항이 바로 '인생의 보장계획'이다. 인생의 보장계획은 혹시 발생할지 모를 각종 리스크(질병, 사고, 중대질환, 장해, 사망 등)에 대비하는 계획을 말한다.

그래서 개인 재무계획을 세울 때 첫번째로 고려해야 하는 사항은 '내가 가입하고 있는 보장이 모든 리스크에 대비해서 충분한가'를 검토해 보아야 한다. 만약 부족하다고 느낀다면 보장계획부터 먼저 제대로 준비해야 한다. 애써 투자용 목돈 1억을 모았는데 암에 걸린다면 도로아미타불이 될 것이기 때문이다.

그래서 필자가 권하고 싶은 것이 바로 변액보장성 보험이다. 리스크 관리는 기존의 보험과 동일하게 할 수 있고 해약환급금은 장기 연금펀드에 투자되기 때문에 노후기에 노후자금으로도 활용할 수 있는 상품이다.

　2) 72의 법칙

　　72의 법칙은 '72 ÷ 수익률 = (원금이)두 배가 되는 기간'을 말한다. 즉, 수익률이 높을수록 내 자산이 그만큼 빠른 속도로 불어난다는 것을 의미하는데, 이를 대표적인 투자수단에 대입해 보면 은행금리를 4%로 적용했을 때 '72 ÷ 4 = 18', 즉 원금이 두 배가 되는데 18년의 기간이 소요된다. 채권의 수익률을 6%로 적용하면 '72 ÷ 6 = 12', 12년이 소요된다. 부동산의 수익률을 8%로 가정하면 '72 ÷ 8 = 9', 9년이 걸리며 장기 연금펀드의 수익률을 10%로 가정하면 '72 ÷ 10 = 7.2', 7년 정도 걸릴 것이다. 물론 이 공식은 목돈으로 투자한 것을 전제로 하나 투자수단별 예상수익률을 감안해 보면 적립식 투자도 마찬가지로 72의 법칙을 응용할 수 있다.

　　10년, 20년, 30년 동안 장기 연금펀드에 투자하면 미국의 사례처럼 상상 이상의 높은 수익률을 얻을 수 있다는 것이 '백만장자 프로젝트'의 컨셉이다. 그렇다면 현재의 저축여력으로 미래의 지출을 감당하기 위해서 어느 정도의 수익률이 필요한지 계산해 보고, 그런 수익률이 달성 가능한 상품에 투자하면 마음이 편해질 것이다.

필자가 상담한 고객의 사례를 보면 최소한으로 요구되는 연복리 수익률이 대부분 10%를 초과했다. 이 정도의 수익률은 일반적인 투자수단으로는 달성하기 매우 어렵기 때문에 결국은 장기 연금펀드에 투자를 집중해야만 달성 가능성을 높일 수 있을 것이다.

3) 투자기간

세 번 째로 고려해야 하는 사항이 투자기간이다. 투자기간은 '언제까지 운용 가능한 상품을 선택할 것인가'의 문제인데, 인생의 필수자금 대부분이 향후 5년에서 10년, 20년, 30년, 그리고 평생동안 써야 하는 자금이기 때문에 당연히 평생동안 운용 가능한 상품을 선택해야 한다. 일반 적립식 펀드도 오랜 기간 운용할 수 있는 상품이 있지만 수수료와 펀드의 구조, 비과세여부, 추가납입 및 중도인출, 연금전환 등의 옵션을 비교해 보면 장기 연금펀드가 더 유리하다고 할 수 있다. 다만 투자용 목돈을 만드는 경우에는 일반적으로 5년에서 7년 정도의 계획을 세우기 때문에 일반 적립식펀드와 장기 연금펀드 중 취향에 따라 선택해서 시작해도 무방하다.

4) 투자방법

투자방법은 내 자산을 '집중해서 투자할 것인가', '분산해서 투자할 것인가'를 고민하는 것을 말한다. '계란을 한 바구니에 담지 말라'는 재테크의 격언처럼 포트폴리오가 중요하다는 뜻인데 부자들의 투자원칙 제1호가 '몰빵 투자 금지'라고 한다.

이는 재무관리에서도 마찬가지인데 예를 들어 저축여력이 100만 원 정도 된다고 해서 100만 원을 하나의 상품에 집중하면 이후에 가입목적과는 다르게 사용할 확률이 높다. 따라서 재무계획을 세울 때는 인생의 필수자금별로 '이름표'를 붙여야 한다.

자녀 교육자금, 주택자금, 창업자금, 노후자금, 자녀 결혼자금, 부모님 부양 자금, 기타 이벤트자금 등 각각의 필수자금별로 이름표를 붙여 두면 서로 충돌할 일이 없기 때문에 필요한 시기에 필요한 자금을 원활하게 쓸 수 있다.

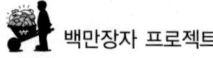
백만장자 프로젝트

5) 세테크

개인 재무관리에 있어서 마지막으로 고려할 사항은 세금이다. 2006년 현재 이자소득세는 15.4%(주민세 포함)이다. 이 말은 수익이 100만 원이면 154,000원을 세금으로 내지만 수익이 1억 원이면 15,400,000원을 세금으로 내야 한다는 뜻이다. 재무관리계획은 평생을 바라보고 세우는 계획이기 때문에 중장기로 큰 수익이 나면 당연히 세금문제가 발생하게 된다.

일반 적립식 펀드의 경우 일정액은 주식을 사기 위해 현금으로 보유하거나 채권에 투자한다. 이로 인해 이자소득세가 발생하게 되는데 투자기간이 짧으면 큰 문제가 없겠지만 10년, 20년 이상 길어지게 되면 세금 자체도 큰 폭으로 올라가게 된다. 따라서 세테크의 관점에서 본다면 10년을 투자하면 전액 비과세혜택을 받는 장기 연금 펀드가 더 유리하다고 할 수 있다.

참고로 선진국에서는 이자와 배당소득을 '불로소득'으로 간주하는 경향이 있다. 특별한 노력이 없이 단지 은행에 맡겨 두었다는 이유만으로, 주식을 보유하고 있다는 이유만으로 소득이 발생하는 것이기 때문에 선진국들은 보통 40~50%대의 세금을 매기고 있다.

우리나라도 현재는 세금이 낮은 편이지만 선진국으로 진입해 갈수록 이자와 배당에 대한 세금을 높일 것으로 예상된다. 또한 비과세혜택은 향후 점진적으로 축소될 것이기 때문에 세제가 변하기 전에 재무계획을 세우고 실행하는 것이 필요하다.

3. 내게 맞는 재무계획 수립 - (5단계)

그럼 지금부터 본격적인 개인 재무관리 프로세스로 들어가 보자. 개인 재무관리의 컨셉은 미래에 반드시 써야할 '인생의 필수자금'을 계산해 보고 현재의 저축여력으로 준비해 가자는 것이다.

현재의 저축여력으로 중장기 효율적 운용을 통해 재무목표를 달성하는 계획을 만들어보자. 백만장자 프로젝트의 효과를 감안해 보면 적은 금액으로도 수익률이 받쳐준다면 필요한 시기에 필요한 자금을 충분히 쓸 수 있다. 다만 어느 정도 허리띠를 졸라매는 것이 꼭 필요하다. 쓰고 싶은 대로 다 쓰기에는 대부분의 사람들이 수입이 부족하기 때문이다. '내가 원하는 것'과 '내가 필요한 것'을 구분해서 지출함으로써 최대한의 저축여력을 확보하는 것이 중요하다.

그래서 개인 재무계획을 세울 때 선행되어야 하는 단계가 바로 '지출관리'이다. 한 달 간의 총 지출을 분석해서 최소한의 삶의 질을 유지할 정도의 지출만 하고 나머지는 저축여력을 높이는 쪽으로 전환해야 한다. 현재의 저축여력을 높일수록 풍요로운 미래가 보장될 수 있다.

   1)1단계 : 생활비를 제외한 인생의 총 필수자금을 산출하자

   첫번째 단계는 '앞으로 내 인생에서 생활비를 제외하고 얼마 정도의 자금이 필요한지'를 계산해 보는 것이다. 생활비는 먹고 사는 비용이기 때문에 필수자금에서 제외하였으며, 생활비도 인플레이션이 있지만 일반적으로 소득도 조금씩 늘어나기 때문에 반영하지 않았다. 참고자료를 보면 총 9가지의 필수자금이 예시되어 있다.

   세부 필수자금 내용은 중산층을 기준으로 하였는데 소득이 적은 사람은 적게 필요할 것이고 소득이 많은 사람은 많이 필요할 것이다. 그래서 맨 오른쪽 칸에 본인의 예상 금액을 적어보는 난이 있는데 이 글을 읽는 독자도 직접 계산해 보자.

   앞으로 내 인생에 소득과 상관없이 얼마의 자금이 필요한지 가늠해 볼 수 있다.

〈참고자료〉

인생의 필수자금 (생활비 제외)

백만장자 프로젝트

필수지출항목	세부내용	금 액	본인 예상 금액
① 자녀 교육비 (자녀 1인당)	▶사 교육비 – 중학교 : 매월 50만원×3년 – 고등학교 : 매월 100만원×3년 ▶ 대학교육비 – 입학금 : 1천만원 – 등록금 : 연 1천만원 – 생활비 : 연 6백만원	1억6천 4백만원	
② 내집 마련 자금	▶ 평당 2천만원 예상	6억원	
③ 창업 자금	▶ 창업 비용	2억원	
④ 노후생활비 (55세 정년퇴직, 80세까지 25년 가정)	▶ 기초생활비: 매월 150만원×25년 ▶ 여가활동비: 매월 20만원×25년 ▶ 의료비: 매월 10만원×25년 ▶ 경조사비: 매월 10만원×25년 ▶ 외식비: 매월 10만원×25년 ▶ 국내여행비: 년 100만원×25년 ※ 매월 200만원, 연 2,500만원	7억 5천만원	
⑤ 자녀결혼자금 (자녀 1인당)	▶ 결혼비용	5천만원	
⑥ 긴급의료비	▶ 중대질병 치료비	3천만원	
⑦ 은퇴자금	▶ 은퇴 후 창업자금	1억원	
⑧ 부모님 부양 비용	▶ 부모님 생활비 50만원 X 20년	1억 2천만원	
⑨ 기타 목적자금	▶ 각종 경조사 및 해외여행 자금	1억원	
합 계 (자녀 1인 가정시)		22억 3천4백만원	

2) 2단계 : 인플레이션을 고려하자

필자가 지금까지의 수많은 상담을 정리해 보면 인생의 필수자금은 적게는 10억 원에서 많게는 30억 원까지 나왔다. 연령, 소득, 직업별로 다르게 나왔는데 이는 인생을 바라보는 눈높이가 다르기 때문일 것이다. 현재의 삶의 질이 낮은 사람은 미래를 바라보는 눈높이가 낮고, 현재의 삶의 질이 높은 사람은 눈높이가 높을 수밖에 없다. 하지만 개인 재무관리계획을 잘 세우면 현재의 삶의 질이 다소 낮더라도 미래는 얼마든지 높일 수 있다.

백만장자 프로젝트의 효과는 누가 더 오래 버티느냐에 따라서 수익이 큰 폭으로 틀려진다. 한 살이라도 젊을 때 최대한 허리띠를 졸라 매고 재무계획을 실천하면 누구나 다 밝고 풍요로운 미래를 즐길 수 있을 것이다.

그런데 이렇게 도출된 필수자금의 문제는 현재가치로 계산된 자금이라는 것이다. 매년 거듭되는 인플레이션은 모든 필수자금에 영향을 미친다. 그래서 제대로 준비하려면 도출된 필수자금에 인플레이션을 반영해 주어야 한다. 참고로 우리나라의 인플레이션은 정부 발표로는 4%대이지만 실제로는 6%대로 봐야 한다. 체감하는 인플레는 사실 이보다도 높을 수 있지만 전문가들이 판단하는 실질 인플레율 6%로 반영해 보자.

인플레이션은 평생동안 발생하게 되지만 노후기에 접어들어 나이가 들어갈수록 소비는 조금씩 줄어들게 되므로 필수자금의 인플레이션은 노후생활이 시작되는 60세 시점까지 반영한다. 또한 필수자금은 60세 시점에 한꺼번에 쓰는 돈이 아니라 중장기로 계속 써 가는 돈이기 때문에 6%의 인플레이션을 할인해서 3%로 적용하는 것이 타당할 것이다.

이렇게 도출된 자금을 '인플레이션이 반영된 인생의 필수자금'이라 부르며 인플레이션은 복리로 반영되기 때문에 2단계에서 계산한 금액보다 훨씬 많아지게 된다.

3) 3단계: 현재 저축 가능한 최대의 금액을 산출하자

3단계는 개인별로 가능한 저축여력을 산출하는 단계이다. 사람마다 소득이 다르고 삶의 질을 유지하는 비용에도 차이가 있기 때문에 개인별 저축여력도 천차만별이다. 사실 많은 사람들이 현재의 수입이 삶의 질을 유지하기에도 벅찬 경우가 많아서 저축을 못하는 경우도 많다.

하지만 향후 소득의 증가속도와 지출의 증가속도를 감안해 본다면 허리띠를 졸라매서 최대한 저축여력을 높여

야 한다.

이와함께 고려해야 할 사항은 지나친 소비억제는 극심한 고통을 불러오기 때문에 적정수준의 삶의 질은 유지해야 한다는 것이다. 따라서 자신의 지출내역을 꼼꼼히 따져 보고 '원하는 것'과 '꼭 필요한 것'을 구분해서 적절한 소비를 하고, 나머지는 저축여력으로 전환해야 앞으로 시간이 흘러갈수록 개인의 재무구조가 개선될 것이다.

4) 4단계 : 나의 요구수익률을 알자

요구수익률(Required Rate of Return)이란 현재 투입하는 자금으로 목표금액을 달성하기 위해 필요한 최소한의 수익률을 말한다. 개인 재무관리에서는 '현재의 저축여력으로 인플레이션이 반영된 총 필수자금을 해결하기 위해 필요한 연복리 수익률'로 정의할 수 있다. 개인별로 총 필수자금이 틀리고 연령에 따라 인플레이션을 반영한 금액도 다르며, 저축여력 또한 틀리기 때문에 요구수익률 또한 개인별로 달라지게 된다.

요구수익률 계산은 복리계산이 필요한 관계로 일반계산기는 불가능하고 전문가용 재무계산기를 활용해야 구할 수 있다.

개인별로 요구수익률이 구해지면 재무관리의 컨셉이 명확해 진다. 도출된 요구수익률만 충족시킬 수 있다면 현재의 저축여력으로 '인플레이션이 반영된 인생의 총 필수자금'을 해결할 수 있기 때문에 인생을 살면서 돈 걱정에서 해방될 수 있다. 즉, 돈으로부터 자유로운 인생이 가능해 지는 것이다. 이것이 바로 '백만장자 프로젝트'에 입각한 재무관리의 핵심 컨셉이다.

5) 5단계 : 요구수익률을 달성할 수 있는 금융상품을 찾자

마지막 5단계는 개인별로 산출된 요구수익률을 달성할 수 있는 금융상품을 구성해서 실천에 옮기는 단계이다. 요구수익률 달성이 충분히 가능하다면 인생을 살면서 필요한 시기에 필요한 자금을 원활하게 쓸 수 있을 것이다. 하지만 이 부분에서 큰 문제가 발생한다. 소득이 많은 경우를 제외하고 대다수 일반인들의 경우 필요로 하는 요구수익률이 너무 높다는 것이다.

필자가 상담한 사례를 보면 개인별 요구수익률이 적게는 年 10%에서 많게는 年 30%까지 나왔다. 이렇게 높은 수익률을 달성할 수 있는 금융상품이 있을까. 4%대의 은

행저축으로는 도저히 달성할 수 없는 수익률이다. 그래서 절대 다수의 국민들이 저축은 계속 하는데 삶의 질은 나아지지 않는 것이다. 필자가 상담한 개인별 요구수익률 산출 사례는 아래와 같다.

〈 표 : 개인별 요구수익률 산출 사례 〉

구 분	29세	32세	34세	38세	42세
총 필수자금 (현재가치)	17억원	14억원	21억원	18억원	16억원
60세 시점 총 필수자금 (인플레 3%)	38억원	28억원	42억원	32억원	25억원
현재 저축가능금액	50만원	100만원	80만원	90만원	70만원
개인별 요구수익률	16.1%	13.1%	18.5%	20.7%	27.9%

연 10% 이상의 수익률이 가능한 투자수단은 2006년 현재 부동산과 주식 밖에 없다. 이 중 부동산의 경우는 유동성과 안정성 측면에서 자금을 활용하기에 제약이 많고, 중장기적으로는 고령화와 저출산으로 인한 수요감소가 예상되므로 인생의 필수자금으로 활용하기에는 어렵다고 판단된다.

따라서 2040세대에게 남은 유일한 대안은 주식 밖에

없다. 주식도 3년 미만의 은행과 증권 상품이 아니라 보험회사의 장기 연금펀드를 선택해야 한다. 백만장자 프로젝트의 효과를 가장 크게 발휘할 수 있기 때문이다. 저렴한 수수료와 비과세혜택, 안정적 펀드 구성(주식 50%, 채권 50%), 주가하락기의 펀드 변경, 추가 납입 및 중도인출, 연금전환 옵션 등을 고려해 보면 필요한 시기에 필요한 자금을 충분히 꺼내 쓸 수 있다. 백만장자 효과가 발휘되면 적은 금액으로도 밝고 풍요로운 미래를 만들어 갈 수 있는 것이다.

다만 한 가지 고려해야 할 점은 우리나라와 미국은 다르다는 것이다. 미국은 세계 초강대국이고 대한민국은 아직 선진국으로 도약하려고 하는 중이다. 앞으로 20년이 지난 뒤에 미국처럼 주가지수가 1만 포인트를 넘을 지는 사실 아무도 모르는 것이다.

요구수익률 20%이상은 달성하기 힘들 가능성이 있기 때문에 그래서 요구수익률이 20%가 넘는 사람은 저축여력을 좀 더 확대할 필요가 있다. 좀 더 허리띠를 졸라매서 요구수익률을 20%미만으로 떨어뜨려야 한다.

그래야만 좀 더 편안하고 안정적으로 인생을 살아갈 수 있을 것이다.

4. 부자 되는 포트폴리오

부자들은 자산이 많기 때문에 포트폴리오를 구성할 수 있다. 은행, 증권, 부동산, 채권, 보험 등 계란을 한 바구니에 담지 않는다. 각 분야의 전문가들이 점점 부자가 되도록 도와준다. 한 군데서 손해를 보더라도 다른 곳에서 보전할 수 있다. 하지만 일반인은 포트폴리오를 구성하기 쉽지 않다. 먹고 살기에도 수입이 빠듯하고 전문가에게 맡길 정도로 자산이 많지 않기 때문이다.

그렇다면 차라리 한 명의 재무전문가에게 맡기는 것이 더 낫지 않을까. 함께 인생을 살아가며 재무관리를 해 준다면 지금은 좀 어려워도 인생의 필수자금은 해결할 수 있을 것이다.

개인 재무관리는 '맞춤형 재무계획' 이다. 개인마다 재무여건이 다르고 직업과 성별도 다르기 때문이다. 지금까지의 수많은 사례 중에서 두 가지를 준비해 보았다. 아울러 제안된 금융상품은 '백만장자 프로젝트' 의 효과를 극대화하기 위해 보험회사의 장기 연금펀드를 위주로 하였다.

1) 32세 외벌이 가정 재무관리 제안서 사례

■ 홍길동 님 재무현황

▶ 자산 *VS* 부채현황

자산 현황	부채현황	백분율
전세자금 2,600만 원 부동산(토지) 8,000만 원 주택부금 300만 원 예금 3,000만 원	無	
자산 합계 : 1억3천9백만 원		

▶ 저축/투자 현황

– 적금 : 월 50만 원(현재 750만 원)

– ○○증권 적립식펀드 : 월 25만 원(현재 300만 원)

– ○○은행 적립식펀드 : 월 25만 원(현재 25만 원)

– 장기주택마련저축 : 월 10만 원(현재 150만 원)

※ 월 저축 합계 : 110만 원

▶ 수입 *VS* 지출현황

수입현황	지출 현황	백분율
月 300만원	지출 90만원	30%

※ 매년 연봉 인상(승진시 추가 인상) 예정

※ 기타 경조사 등의 비용 발생

(월 소득에서 남는 부분으로 활용, 각종 상여금에서 활용)

▶ 보험현황

  – 본인 : ○○생명 변액유니버셜 종신(16만원, 20년납)

  – 부인 : ○○생명 변액유니버셜 종신(8만원, 15년납)

  – 자녀 : 어린이보험(3만 원)

  ※ 보험료 합계 : 월 27만 원

■ 홍길동 님 재무건전성 체크

▶ 부채비율 : 0%

▶ 저축비율 : 월 소득의 37%

▶ 지출비율 : 월 소득의 30%

▶ 보험비율 : 월 소득의 9%

※ 재무상태는 매우 양호한 편이나 매월 여유자금 70~80만 원 정도 발생하므로 저축비율을 50% 이상으로 높일 필요가 있음.

※ 보험비율의 경우 적정비율이라고 판단되나 향후 자녀 추가 출산시 리스크 관리를 위해 업그레이드할 필요가 있음.

■ 홍길동 님 향후 인생계획

▶ 향후 3~5년 사이 주택 마련 예정

▶ 회사 생활 계속 예정(정년까지 근무)

▶ 자녀 추가 출산 계획

■ 재무설계시 고려사항

① 수익률 : 어떤 수익률의 상품을 선택할 것인가?

　　　　　 (72의 법칙)

② 투자기간 : 언제까지 운용 가능한 상품을 선택할 것인가?

③ 투자방법 : 분산투자 *VS* 집중투자

④ 세금 : 세금우대 최대한 활용, 중장기자금은 비과세로

　　　　 운용

■ 홍길동 님 예상 필수자금

필수지출항목	세부내용	금액
① 자녀 교육비 (자녀 1인당)	▶ 사교육비 　– 중학교 : 매월 50만원×3년 　– 고등학교 : 매월 100만원×3년 ▶ 대학교육비 　– 입학금 : 1천만원 　– 등록금 : 년 1천만원 　– 용돈 : 년 6백만원	1억6천 4백만원

필수지출항목	세 부 내 용	금 액
② 내집 마련 자금	▶ 평당 1천5백만원 예상	4억5천만원
③ 노후생활비 (55세 정년퇴직, 80세까지 25년 가정)	▶ 기초생활비 : 매월 150만원×25년 ▶ 여가활동비 : 매월 20만원×25년 ▶ 의료비 : 매월 10만원×25년 ▶ 경조사비 : 매월 10만원×25년 ▶ 외식비 : 매월 10만원×25년 ▶ 국내여행비 : 년 100만원×25년 ※ 매월 200만 원, 년 2,500만 원	6억 2천 5백만원
④ 자녀 결혼자금	▶ 결혼비용	5천만원
⑤ 긴급의료비	▶ 중대질병 치료비	3천만원
⑥ 은퇴자금	▶ 은퇴 후 창업자금	2억원
합 계 (자녀 1인 가정시)		15억1천9백만원

※ 자녀를 3명으로 가정할 경우 현재시점에서 약 20억 원의
자금 필요 (인플레 미반영)

■ 홍길동 님의 요구수익률 산출

① 총 필요자금 : 20억 원

② 60세 시점 총 필요자금(인플레 3% 가정) : 28년 후

42억 원

③ 현재 저축 가능금액 : 150만 원 예상

④ 홍길동님 요구 수익률(연복리 기준) : 13.1% 필요

 백만장자 프로젝트

■ 현 재무상황의 예상 문제점

- 인생의 예상 필수자금 준비 미흡으로 필요한 시기에 필
  요한 자금 조달 애로(중장기 자금 조달 계획 검토 필요)
- 단기 적립식펀드 위주 투자로 투자 리스크 관리 및 목
  돈 마련 애로
- 주택마련계획 재검토(청약 미당첨시 분양권 전매 또는
  급매물 구입 추천)
- 연말정산 미혜택

■ 홍길동 님 재무설계 방향

- 중장기자금 마련 계획 수립
  (수입의 변동에 따른 자유입출금 상품)
- 30평형대 아파트 구입 준비
  (중도금 납입 또는 급매물 구입 자금 준비)
- 저축을 최대한 확대하여 투자용 목돈 조기 마련
- 노후기의 연금 준비 및 연말정산 절세 프로그램 준비

■ 김철수 FP의 제안

① 재테크 Portfolio 일부 조정
▶ 예금 3천만 원은 수익성 및 유동성을 감안하여 CMA계

좌로 변경 (연 4.2%)

▶ 적금 50만 원과 ○○은행 25만 원은 변액상품으로 전환

(기존 적립식펀드 25만 원과 장기주택마련저축은 현행 유

지, 환급금은 CMA계좌로 통합 관리)

▶ 주택마련부금 현행 유지

(청약 미 당첨시 급매물 구입자금으로 활용)

▶ 보험현황은 현행으로 유지하되 향후 자녀 추가 출산시

증액 검토

② 투자용 목돈 마련(부자의 2단계 진입)

▶ 목돈 마련 상품에 5년 투자

⇒ 월 100만 원(1억 만들기 Plan, CMA 통장 여유자금 활용)

⇒ 5년 단위 지속적 추가 투자

(급전 필요시 중도인출을 통해 활용)

③ 내집마련, 자녀양육, 노후자금 등 중장기 자금 마련

계획 수립

▶ 수익성을 고려하여 변액유니버셜보험에 월 30만 원 투자

⇒ 주가상승에 따른 목돈 마련 가능(72의 법칙)

⇒ 수익률을 높일 수 있고 자녀양육 및 주택마련 등의 필요

자금은 자유로운 중도인출을 통해 활용

⇒ 소득의 변동에 따른 자유로운 입출금 가능

　(소득 저하시 납입유예 가능)

④ 자녀 교육자금 마련 계획 수립

▶ 자녀 명의 변액연금 20년납 상품에 월 10만 원 투자

　(향후 자녀 추가 출산시 추가 가입)

⑤ 연말정산 세테크 프로그램 가입

▶ 남편 명의 적격연금 월 20만원 가입

　(年 300만 원까지 소득 공제 가능)

⑥ 향후 적립식 펀드 만기 및 소득 증가시 중장기자금 마련

　계획 보완 및 재테크 Portfolio 변경 검토 필요

　(지속적 재무 재조정)

■ 재무설계 전후 재테크 Portfolio 비교

재 무 설 계 이 전	재 무 설 계 이 후
적금 : 50만 원 적립식펀드 : 25만 원 신한 적립식펀드 : 25만 원 장기주택마련 저축 : 10만원 보장성보험료 : 27만원	5년납 변액연금 : 100만 원 변액유니버셜 : 30만 원 적립식펀드 : 25만 원 장기주택마련저축 : 10만원 자녀 변액연금(교육비) : 10만원 세테크 연금 : 20만 원 보장성 보험료 : 27만 원
월 합계 : 137만 원	월 합계 : 222만 원

※ 결혼 후 자녀 출산시 재무재조정 필요
※ 월 투자 부족금액은 CMA통장 여유자금으로 투입

백만장자 프로젝트

2) 34세 맞벌이 가정 재무관리 제안서 사례

◆ 홍길동 님 재무현황

▶ 자산 *VS* 부채현황

자 산 현 황	부 채 현 황	백 분 율
전세자금 1억2천만 원 아파트 6천만 원 예금 1억4천만 원(06.5월 만기) 동양종금 CMA 1천만 원 주택청약부금 5백만 원	無	
자산 합계 : 3억3천5백만 원		

▶ 저축/투자 현황

- 솔로몬 상호저축은행 적금 19백만

  ('07.6월 만기, 월 백만원, 3년, 7%)

- 외환은행 장마(남편) 23백만

  ('09.10월만기, 월 50만원, 7년, 6%?)

- 새마을금고 개인연금 120만('15.8월 만기, 월 20만원)

- 새마을금고 장마(부인) 150만

  ('12.8월 만기, 월 30만원, 7년, 5%?)

- ○○생명 변액 유니버셜 보험 9회납 월 25만원.

※ 월 투자 합계 : 225만 원

▶ 수입 VS 지출현황

수입현황	지출현황	백분율
부부합산 月 550만원	지종 240만 원	44%

※ 성과급 年 1,600만원 별도, 매년 연봉 인상

   (승진시 추가 인상 예정)

※ 세부 지출내역

– 자녀 육아비용 : 월 60만 원

– 아파트 관리비 : 월 16만 원

– 남편 통신비 및 용돈 : 월 32만 원(부인 월 4만 원)

– 차량관리비 : 월 20만 원

– 경조사비 : 월 15만 원

– 아기밥 : 월 11만 원

– 기타 비용 : 월 40만 원

– 후원금 : 월 3만 원

– 보험료 : 월 33만 원

※ 기타 부모님 용돈 및 제사비, 각종 세금 등의 비용 발생

   (월 소득에서 남는 부분으로 활용, 각종 상여금에서 활용)

▶ 보험 현황

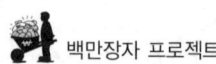 백만장자 프로젝트

- 본인 : ○○생명 건강보험 (23,200원),

　　　　○○생명 사이버 암보험 (7,190원),

　　　　○○화재 여성건강보험 (39,511만원),

　　　　○○생명 종신보험 (58,311원)

- 남편 : ○○생명 건강보험 외 다수 (150,000원)

- 자녀 : ○○화재 어린이보험 (51,975원)

※ 보험료 합계 : 월 33만원

◆ 홍길동 님 재무건전성 체크

　▶ 부채비율 : 0%

　▶ 저축비율 : 월 소득의 41%

　▶ 지출비율 : 월 소득의 44%

　▶ 보험비율 : 월 소득의 6%

※ 재무상태는 매우 양호한 편이나 매월 여유자금이 50만 원~100만 원 정도 발생하므로 저축비율을 50% 이상으로 높일 필요가 있음.

※ 보험비율의 경우 수입 대비 평균 10% 정도를 투자해야 리스크 발생시 현재의 삶의 질을 유지할 수 있으므로 추가 검토 필요.

◆ 홍길동 님 향후 인생계획

▶ 2007년 둘째 자녀 출산 예정(출산 후에도 맞벌이 예상)

▶ 서울 강남 30평형대 아파트 구입 예정

▶ 자녀가 공부를 잘할 경우 해외유학도 검토

▶ 정년까지 부부 모두 계속 일할 계획

※ 향후 퇴직 등 돌발상황 발생시 재무설계 재조정 필요

◆ 재무설계시 고려사항

① 투자기간 : 내집마련자금은 단기 투자로 중장기자금은
             장기 투자로 운용

② 투자방법 : 연말정산 관련 저축은 분산투자로 그 이외는
             집중투자로 운용

③ 수익성, 안정성, 유동성 : 최소 은행이상의 수익률과 안정
                          성 및 유동성 확보

④ 인플레이션 : 자녀 교육자금, 노후자금 등 중장기 필요 자
             금의 인플레 헷지 필요

⑤ 세금 : 세금우대 최대한 활용, 중장기자금은 비과세로 운용

◆ 홍길동 님 예상 필수자금

※ 자녀 2명 기준으로 최소 18억8천3백만 원 필요

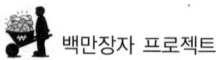

백만장자 프로젝트

(인플레이션을 감안하지 않은 수치임.)

필수지출항목	세 부 내 용	금 액
① 자녀 교육비 (자녀 1인당)	▶ 사교육비 – 중학교 : 매월 50만원×3년 – 고등학교 : 매월 100만원×3년 ▶ 대학교육비 – 입학금 : 1천만원 – 등록금 : 연 1천만원 – 생활비 : 연 6백만원	1억 6천 4백만 원
② 내집 마련 자금	▶ 평당 2천만원 예상	6억 원
③ 노후생활비 (55세 정년퇴직, 80세까지 25년 가정)	▶ 기초생활비 : 매월 150만원×25년 ▶ 여가활동비 : 매월 20만원×25년 ▶ 의료비 : 매월 10만원×25년 ▶ 경조사비 : 매월 10만원×25년 ▶ 외식비 : 매월 10만원×25년 ▶ 국내여행비 : 년 100만원×25년 ※ 매월 200만 원, 년 2,500만 원	6억 2천 5백만원
④ 자녀 결혼자금	▶ 결혼비용	5천만 원
⑤ 긴급의료비	▶ 중대질병 치료비	3천만원
⑥ 은퇴자금	▶ 은퇴 후 창업자금	2억원
합 계 (자녀 1인 가정시)	16억6천9백만원	

◆ 현 재무상황의 예상 문제점

 – 경제활동기의 치명적 질병과 사고에 대비한 리스크 관리

   미흡 (중복보장 과다, 보장금액 미흡)

- 인생의 예상 필수자금 준비 미흡으로 필요한 시기에 필요한 자금 조달 애로
- 자녀 2명의 교육자금 마련 애로
- 적립식펀드 미활용으로 주가 상승에 따른 기회손실 예상
- 주택마련계획 재검토(현 재무상태 대비 추가소요자금 조달 애로, 구입시기를 5년 후 정도로 예상하고 분양권 전매 또는 급매물 구입 추천)

◆ 홍길동 님 재무설계 방향
- 경제활동기의 리스크 관리 및 노후기의 연금 준비
- 중장기자금 마련 계획 수립
  (수입의 변동에 따른 자유입출금 상품)
- 30평형대 아파트 구입 준비(구입가격 6억 예상)
- 자녀 교육자금 준비

◆ 김철수 FP의 제안
① 재테크 Portfolio 일부 조정
▶ 남편 명의의 아파트는 매도하여 현금자산으로 전환하여 내집 마련 준비
▶ 주택청약부금은 수익성을 감안하여 정리

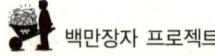 백만장자 프로젝트

(변액연금 추가납입으로 활용)

▶ 동양종금 CMA는 주식투자용으로 계속 활용

▶ 2006년 5월에 만기되는 예금은 수익성을 감안하여 내집
마련 시기까지 ELD(주가연동예금)에 계속 재투자

 ※ 기타 매월 저축 및 투자는 현행 상품 유지

② 내집마련, 자녀교육, 노후자금 등 중장기자금 마련 계획
수립

▶ 매년초 성과급을 활용하여 목돈 마련 변액연금 상품에
   5년 투자

 ⇒ 월 100만원, 연납 1,200만원 투자(1억 만들기 Plan)

 ⇒ 5년 단위 지속적 추가 투자

   (필요한 시기별로 중도인출을 통해 활용)

▶ 수익성을 고려하여 변액유니버셜보험에 월 50만 원 추가
   투자

 ⇒ 주가상승에 따른 목돈 마련 가능(72의 법칙)

 ⇒ 수익률을 높일 수 있고 자녀교육 및 주택마련 등의 필수
   자금은 자유로운 중도인출을 통해 활용

 ⇒ 소득의 변동에 따른 자유로운 입출금 가능

   (소득 저하시 납입유예 가능)

③ 보장성보험 리모델링

 (활동기의 리스크 관리 + 노후기의 연금 수령)

 ⇒ 남편은 변액유니버셜종신보험, 부인은 변액CI보험으로
   전환

 ※ 추천 보험료 : 남편 30만 원, 부인 15만 원, 자녀 5만 원
   (작은 질병과 사고에 대비하여 실손보험 추가 가입 검토)

④ 자녀 교육자금 별도 마련

 ▶ 자녀 명의 변액연금 20년납 상품에 월 20만 원 투자
   (고등학교, 대학교 시기에 중도인출을 통해 교육비로 활용)

 ※ 둘째 자녀 출산시 인상된 연봉을 활용하여 추가 가입

⑤ 연말정산 세테크 프로그램 가입

 ▶ 남편 명의 소득공제 연금 월 20만 원 가입
   (年 300만 원까지 소득 공제 가능)

⑥ 향후 적금 만기 및 소득 증가시 중장기자금 마련 계획
보완 및 재테크 Portfolio 변경 검토 필요

■ 재무설계 전후 재테크 Portfolio 비교

재 무 설 계 이 전	재 무 설 계 이 후
상호저축은행 적금 100만 원 부부 장기주택마련저축 80만 원 부인 새마을금고연금 20만 원 ○○생명 변액유니버셜 25만 원 보장성보험료 : 33만 원	상호저축은행 적금 100만 원 부부 장기주택마련저축 80만 원 부인 새마을금고연금 20만 원 ○○생명 변액유니버셜 25만 원 변액연금 100만 원 변액유니버셜 50만 원 자녀 명의 변액연금 20만 원 남편 세테크연금 20만 원 보장성보험료 : 50만 원
월 합계 : 258만 원	월 합계 : 365만 원

※ 변액연금 100만 원은 연초 성과급으로 1년치 납입

■ 재무설계 전후 자산증가 추이(해당 금융상품의 수익률 적용)

① 재무설계 이전

구 분	34세	40세	45세	50세	55세	60세
부동산	18,000	18,000	18,000	18,000	18,000	18,000
예 금	15,500	18,600	21,747	25,426	29,728	34,757
저 축	4,705	22,989	42,537	61,398	80,121	98,817
합 계	38,205	59,589	82,284	104,824	127,849	151,574

※ 부동산은 변동성을 감안하여 자산 증가 대상에서 배제

※ 예금도 년 수익률 4%, 적금은 5%, 변액보험은 8%로 가정

② 재무설계 이후

구 분	34세	40세	45세	50세	55세	60세
부동산	18,000	18,000	18,000	18,000	18,000	18,000
예 금	15,500	18,600	21,747	25,426	29,728	34,757
저 축	4,705	39,623	74,736	109,086	143,307	177,506
합 계	38,205	76,223	114,483	152,512	191,035	230,263

※ 인플레이션 감안시 예상 필수자금은 38억 원이며 향후 소득증가 및 재무설계 수시조정을 통해 필요한 시기에 필요한 자금활동은 물론 부부가 함께 죽을때까지 여유로운 생활 영위 가능.

■ 개인 재무관리 단원을 정리하며…

지금까지 개인 재무관리(Wealth Management)에 대해 알아보았다. 개인 재무관리의 핵심 컨셉은 돈 쓸 일이 널려 있는 이벤트 인생을 사는 2040세대가 미래의 지출을 효율적으로 준비하자는 것이다. 개인 재무관리가 꼭 필요한 이유는 단 하나다. 젊어서 돈 없는 것이 늙어서 돈 없는 것보다 훨씬 낫다는 것이다. 현재의 최소한의 효율적인 지출을 통해 미래의 지출을 준비하는 것이 재무관리 프로그램이며, 필수자금의 인플레이션을 고려해 보았을 때 은행 저축으로는 도저히 감당할 수 없기 때문에 '백만장자 프로젝트'의 핵심상품인 '장기 연금펀드'를 집중적으로 활용하자는 것이 재무관리의 결론이다.

또한 재무관리는 스스로 하기 불가능하다. 사람은 로봇이 아니라서 감정을 제어할 수 없기 때문이다. 그래서 전문가가 필요한데 조금만 노력해서 찾아보면 어렵지 않게 찾을 수 있다. 전문가와의 상담을 통해 앞으로의 재무관리계획을 세워 보자. 사실 이미 재무설계 프로그램도 좋은 것이 많이 출시되어 있다. 하지만 필자가 보기엔 상당수가 내용이 복잡하고 무엇보다 저축여력이 일정액 이상 되어야만 효과를 볼 수 있기 때문에 저축여력이 적은 사람들은 활용하기 어렵다.

이런 분들은 보험업계의 FP를 만나 보는 것도 좋은 방법이다. 보험회사 FP는 백만장자 프로젝트의 핵심 도구인 장기 연금펀드를 주력상품으로 취급하고 있기 때문에 저축여력이 적은 사람도 노후기에 백만장자의 반열에 올려 줄 수 있다.

자본주의 사회는 자본이 있어야만 대접을 받는다. 조선시대 양반가문은 혈통이 그 사람의 가치를 증명했던 것처럼 자본주의 사회는 자본이 개인의 가치를 증명하는 사회다. 돈이 없으면 어디 가서도 대접 받지 못한다는 것은 누구나 다 알고 있다. 젊어서 이런 대접을 받으면 약이 된다. 이를 악물고 부자가 되어야겠다는 동기부여 요인이 되는 것이다. 그런데 늙어서 이런 대접을 받게 되면 독이 된다. 만회할 시간적 여유와 체력이 없기 때문에 '어서 빨리 죽어야지' 하는 패배주의가 온 마음을 오염시키는 것이다. 2040세대는 지금부터 조금만 노력하면 누구나 다 좋은 말년운을 맞이할 수 있다. 백만장자 프로젝트의 위력은 좀 더 여유로운 마음으로, 좀 더 멀리 보고 장기투자를 하는 2040세대 누구에게나 큰 혜택을 가져다 줄 것이기 때문이다.

미래의 백만장자에게 보내는 메시지

●●● 예전에 보았던 인상 깊은 영화 중에 '백 투더 퓨처(Back to the Future)'라는 영화가 있었습니다. 내용 중에 주인공이 타임머신을 타고 미래를 날아가 과거의 운동경기 기록을 가져와서 베팅을 통해 부자가 되는 스토리가 있었는데요, 이렇듯 미래를 볼 수 있다면 누구나 다 부자가 될 것입니다.

이 책의 제목인 '백만장자 프로젝트'도 마찬가지입니다. 미국의 사례를 근거로 책을 쓰게 되었지만 제 생각으로는 우리나라도 미국처럼 될 것으로 확신하고 있습니다. 한 국가의 성장과정을 보면 금리가 높은 시기, 부동산이 뜨는 시기, 채권이 뜨는 시기, 주식이 뜨는 시기가 있게 마련인데, 대한민국에 앞으로 남은 것은 주식 밖에 없다고 생각합니다.

사람들이 말하는 가장 행복한 사람은 말년운이 좋은 사람이라고 합니다. 초년운, 중년운이 어렵더라도 말년운만 좋으면 다 좋은 것입니다. 2040세대는 시대적으로 초년운과 중년운은 좋다고 생각합니다. 넘치는 생활편의 상품, 고급화 되는 주택, 웰빙바람을 타고 불어 오는 레저문화까지. 돈만 있으면 럭셔리하게 인생을 즐기면서 살 수 있습니다.

그런데 지금의 5060세대와 비교해 보면 말년운은 어떻게 될지 모릅니다. 5060세대는 사교육비 걱정도 없었고, 집값도 저렴했고, 금리도 높았으며, 퇴직금도 있고, 국민연금도 제대로 받습니다. 이에 반해 2040세대는 경제활동기 수입의 대부분을 사교육비와 생활비로 지출해야 합니다. 연봉제라는 미명하에 퇴직금도 미리 당겨쓰고, 고령화 및 저출산의 리스크로 인해 국민연금도 불확실합니다. 저금리와 높은 인플레이션, 나날이 치솟는 부동산 가격도 2040세대를 괴롭히는 요인들입니다.

이런 현실에서 우리는 미래의 지출을 어떻게 준비해야 할까요? 2040세대의 유일한 대안은 백만장자 프로젝트입니다. 허리띠를 졸라 매고 장기 연금펀드에 집중투자해야만 인생의 필수자금 활용은 물론, 최소한 노후기에 절대 빈곤의 상태로 떨어지지 않을 것입니다. 여기에 추가로 필요한 것은 전문가에게 맡기자는 것입니다. 지금까지 그래왔듯이 앞으로도 금융환경은 수시로 변할 것이기 때문에 개인이 충분한 정보를 가지고 재무관리를 하기엔 역부족입니다. 골치 아픈 재무관리에 대한 부담은 전문가에게 맡기고 열심히 인생을 사는 것이 더 효율적일 것입니다.

본문에서 보셨듯이 백만장자 프로젝트는 누가 더 오래 버티느냐에 따라 승부가 결정됩니다. 5년의 경기싸이클을 몇 번 굴리느냐에 따라 부자의 수준도 틀려집니다. 1번 굴리는 사람과 2번 굴리는 사람, 4번 굴리는 사람 간에는 부자와 가난한 사람의 차이만큼이나 간격이 벌어질 것입니다.

마지막으로 바야흐로 대한민국 금융시장은 무한경쟁의 시대에 돌입하고 있습니다. 은행, 증권, 보험의 영역은 갈수록 통합될 것으로 예상되는데 이는 앞으로 전문가의 시대가 열린다는 뜻입니다. 앞으로 몇 년 만 지나도 미국처럼 고객의 자산을 평생 관리해 주는 재무설계사의 시대가 정착될 것입니다.

　미흡한 내용을 끝까지 읽어 주신 독자께 감사드리며, 2040세대 모두 부자가 되시길 진심으로 기원 드립니다.

이창원 배상

Yearly
Plan

부록 : 백만장자 20년 재무관리 스케쥴

※ 백만장자 프로젝트는 20년을 내다보고 계획하는 프로젝트입니다.
  매월 매월의 재무관리에 최선을 다하다 보면 어느새 부자가 되어
  있는 자신의 모습을 보게 될 것입니다.

01

20 ○○ 年

◆올해의 목표

구분	수입	저축	지출	자산	부채	순자산
전년이월						
1월						
2월						
3월						
4월						
5월						
6월						
7월						
8월						
9월						
10월						
11월						
12월						
합계						

◆年평가

◆ 올해의 목표

구분	수입	저축	지출	자산	부채	순자산
전년 이월						
1월						
2월						
3월						
4월						
5월						
6월						
7월						
8월						
9월						
0월						
1월						
2월						
합계						

◆ 年평가

03

2O○○ 年

◆올해의 목표

구분	수입	저축	지출	자산	부채	순자산
전년 이월						
1월						
2월						
3월						
4월						
5월						
6월						
7월						
8월						
9월						
10월						
11월						
12월						
합계						

◆年평가

◆올해의 목표

2O 年

구분	수입	저축	지출	자산	부채	순자산
전년 이월						
1월						
2월						
3월						
4월						
5월						
6월						
7월						
8월						
9월						
0월						
1월						
2월						
합계						

◆ 年평가

05

2 0 ○ ○ 年

◆올해의 목표

구분	수입	저축	지출	자산	부채	순자산
전년이월						
1월						
2월						
3월						
4월						
5월						
6월						
7월						
8월						
9월						
10월						
11월						
12월						
합계						

◆年평가

◆ 올해의 목표

2 0 　　年

구분	수입	저축	지출	자산	부채	순자산
전년 이월						
1월						
2월						
3월						
4월						
5월						
6월						
7월						
8월						
9월						
10월						
11월						
12월						
합계						

◆ 年평가

07

2 O ○ ○ 年

◆ 올해의 목표

구분	수입	저축	지출	자산	부채	순자산
전년이월						
1월						
2월						
3월						
4월						
5월						
6월						
7월						
8월						
9월						
10월						
11월						
12월						
합계						

◆ 年평가

◆올해의 목표

20 ○ ○ ○ 年

구분	수입	저축	지출	자산	부채	순자산
전년 이월						
1월						
2월						
3월						
4월						
5월						
6월						
7월						
8월						
9월						
10월						
11월						
12월						
합계						

◆年평가

09

20○○ 年

◆올해의 목표

구분	수입	저축	지출	자산	부채	순자산
전년이월						
1월						
2월						
3월						
4월						
5월						
6월						
7월						
8월						
9월						
10월						
11월						
12월						
합계						

◆年평가

◆올해의 목표

구분	수입	저축	지출	자산	부채	순자산
전년 이월						
1월						
2월						
3월						
4월						
5월						
6월						
7월						
8월						
9월						
10월						
11월						
12월						
합계						

◆年평가

Yearly Plan

구분	수입	저축	지출	자산	부채	순자산
1년						
2년						
3년						
4년						
5년						
6년						
7년						
8년						
9년						
10년						
합계						

◆10年간 평가

11

2O○○ 年

◆올해의 목표

구분	수입	저축	지출	자산	부채	순자산
전년이월						
1월						
2월						
3월						
4월						
5월						
6월						
7월						
8월						
9월						
10월						
11월						
12월						
합계						

◆年평가

◆올해의 목표

구분	수입	저축	지출	자산	부채	순자산
전년 이월						
1월						
2월						
3월						
4월						
5월						
6월						
7월						
8월						
9월						
10월						
11월						
12월						
합계						

◆年평가

13

20 ○○ 年

◆올해의 목표

구분	수입	저축	지출	자산	부채	순자산
전년이월						
1월						
2월						
3월						
4월						
5월						
6월						
7월						
8월						
9월						
10월						
11월						
12월						
합계						

◆年평가

◆ 올해의 목표

구분	수입	저축	지출	자산	부채	순자산
전년이월						
1월						
2월						
3월						
4월						
5월						
6월						
7월						
8월						
9월						
10월						
11월						
12월						
합계						

◆ 年평가

15

2 0 ○ ○ 年

◆올해의 목표

구분	수입	저축	지출	자산	부채	순자산
전년 이월						
1월						
2월						
3월						
4월						
5월						
6월						
7월						
8월						
9월						
10월						
11월						
12월						
합계						

◆年평가

Yearly Plan

16

◆올해의 목표

20   年

구분	수입	저축	지출	자산	부채	순자산
전년 이월						
1월						
2월						
3월						
4월						
5월						
6월						
7월						
8월						
9월						
10월						
11월						
12월						
합계						

◆年평가

17

20 ○ ○ 年

◆올해의 목표

구분	수입	저축	지출	자산	부채	순자산
전년이월						
1월						
2월						
3월						
4월						
5월						
6월						
7월						
8월						
9월						
10월						
11월						
12월						
합계						

◆ 年평가

◆올해의 목표

20 ○ ○ 年

구분	수입	저축	지출	자산	부채	순자산
전년 이월						
1월						
2월						
3월						
4월						
5월						
6월						
7월						
8월						
9월						
10월						
11월						
12월						
합계						

◆年평가

19

2 O ○ ○ 年

◆올해의 목표

구분	수입	저축	지출	자산	부채	순자산
전년 이월						
1월						
2월						
3월						
4월						
5월						
6월						
7월						
8월						
9월						
10월						
11월						
12월						
합계						

◆年평가

◆ 올해의 목표

구분	수입	저축	지출	자산	부채	순자산
전년이월						
1월						
2월						
3월						
4월						
5월						
6월						
7월						
8월						
9월						
10월						
11월						
12월						
합계						

◆ 年평가

Yearly Plan

구분	수입	저축	지출	자산	부채	순자산
11년						
12년						
13년						
14년						
15년						
16년						
17년						
18년						
19년						
20년						
합계						

◆10年간 평가

2040세대를 위한 재테크 보고서

백만장자 프로젝트

초판 1쇄 펴낸 날 | 2007년 1월 11일
초판 23쇄 펴낸 날 | 2009년 1월 5일
2판 1쇄 펴낸 날 | 2010년 5월 15일
2판 2쇄 펴낸 날 | 2010년 10월 11일

지은이 | 이창원
디자인 | 임선영
펴낸이 | 임동선
펴낸곳 | 늘푸른소나무

출판등록 | 1997년 11월 3일 제 313-2003-300호(구:제1-3112호)
주 소 | 서울시 마포구 성산동 278-41 성신빌딩 202호
전 화 | (02)3143-6763~5
팩 스 | (02)3143-6762
이메일 | esonamoo@naver.com

ISBN 978-89-88640-84-5 (13320)
ⓒ이창원 2010. Printed in Seoul, Korea